以 知 为 力　识 见 乃 远

为经，以操作过程刻画的遗迹与地景为纬，书写各阶层华人先
实践"日久他乡变故乡"过程里，所付出的努力与代价。

本书的最大贡献是，以宏观的区域视角，回到小地域或地点的
现场。从荒野中的墓碑、庙宇里的牌匾、对联及碑记，以及行
安单位留下的档案与古地图等庶民史料，以简洁精确的描述，
辈筚路蓝缕的过程。在各篇的叙述中，小白以苦力、头家、会
景、矿主及其产业链中的商贾为对象，解析他们在历史现场所
环境挑战与时代难题，在多面向的历史发展中，讲述这些发展
导他们在历史长河中确定自己的位置。当然，这些挑战、难题
定位，未必成为科学性的知识问题，但却是自身生命意义的创
现。我们现在享受他们奠基的家园之余，不只要缅怀，更要关
栉风沐雨的过程。

博士论文完成后，小白不断多方尝试研究的切入角度，从未
其学术旅程，本书是他汇集近年研究成果的第二本专著。研究
，小白深入各地义山拍摄墓碑数据，造访各地庙宇记录碑记、
亲临大小图书馆搜集各式档案，探问在地耆老搜罗口述信息，
些过程克服华族先辈留下史料较为欠缺的困境。本书汇集的各
，都是他一步一脚印的锥心之作。我肯定小白对学术的执着、
热情，更佩服他有取之不尽的动能。能够先睹本书的内容，
光荣。

拜别
唐山

在马来半岛
异域重生

[马来西亚]
白伟权 著

中国出版集团 东方出版中心

图书在版编目（CIP）数据

拜别唐山：在马来半岛异域重生 / (马来) 白伟权
著. -- 上海：东方出版中心, 2025. 5. -- ISBN 978 - 7 -
5473 - 2726 - 5

I. D634.333.8

中国国家版本馆CIP数据核字第2025GL3892号

拜别唐山：在马来半岛异域重生

著　　　者　　[马来] 白伟权
策划/责编　　王欢欢
封扉设计　　赵　瑾

出 版 人　　陈义望
出版发行　　东方出版中心
地　　址　　上海市仙霞路345号
邮政编码　　200336
电　　话　　021-62417400
印 刷 者　　山东韵杰文化科技有限公司

开　　本　　890mm×1240mm　1/32
印　　张　　8
插　　页　　2
字　　数　　165千字
版　　次　　2025年6月第1版
印　　次　　2025年6月第1次印刷
定　　价　　68.00元

推荐序一

台湾师范大学地理学系荣誉教

东南亚区域的名称多元，提醒我们反思"
史？"的问题。白伟权教授，我们都昵称他
于田野，皓首穷经于文献史料，从不间断。
地图搜集史料，采跨域的观点，以拿律为
二百年来的庶民历史，并厘清华人在这块土

本书由三个主题单元组成，首先"这之
人先辈在热带丛林中争夺、采集不可更新资
底层庶民，离乡背井来此谋生时的劳动条件
社会网络等，他们大多付出了健康甚至生命
日华族生活家园的奠基者，也是北马历史的
"异域重生：拿律演义"，描绘来自不同原乡
过程中，彼此之间，以及和在地邦国、英国
当程度重建了十九世纪拿律地区人—地交互
地—地交互作用的历史图像。最后，"拜别
以锡米产业链各级矿务主及商贾为主角，以

推荐序二

新加坡国立大学中文系教授 黄贤强

首次与伟权相遇可追溯至2010年。当时,我应台湾师范大学地理学系陈国川教授之邀,担任其门生叶韵翠博士论文答辩的口试委员之一,那时的伟权是一位出席旁听答辩的硕士生。在闲谈中,惊喜地发现我们同是马来西亚新山宽柔中学的校友,尽管我比他早很多年毕业。更引起我关注的是,他正在研究的硕士论文课题是"马来西亚柔佛州新山华人社会的变迁与整合(1855—1942)",准备有系统地梳理和论析新山开埠后到二战前近百年的文化地景发展和演变。伟权于2011年完成硕士论文并顺利取得硕士学位后,继续攻读博士学位,并以马来西亚的另外一个地域作为研究个案,深入探讨国家与地方、产业与社会的错综复杂关系。

2016年,我再度有幸受到陈国川教授的邀请,成为伟权博士论文《国家、产业与地方社会的形构:马来亚拿律地域华人社会的形成与变迁(1848—1911)》的口试委员。这部博士论文有丰富史料,立论有据,学术视野广阔。伟权的博士论文不仅顺利通过了答辩,也成为研究拿律地区,甚至是研究整个马来亚地区华人社会的重要学术著作。

如果说伟权的博士论文是一部严肃的学术著作，是与学界同行对话的作品，那么，这本《拜别唐山：在马来半岛异域重生》则是面向普罗大众的读物，内容精炼，却不失学术养分。换句话说，它具备学术内涵，却以通俗易懂的文笔将故事讲清楚，说明白。

本书至少有三个值得关注的特点：首先，书中所收录的文章并非一般无据可查的野史或耆老的回忆，而是有充分的史料支撑，有注明数据源，并经过考证的史地故事。每篇文章末尾均列有"参考文献"，提供相关参考文献乃至原始数据，为有兴趣深入探究的读者提供了指引。其次，书中的一些故事或许看似熟悉，但并非老生常谈，而是带有新的观点和论述。伟权喜欢与读者一同探讨问题，逐层揭示问题的真相。例如，他引领读者思考东南亚华人是否都是苦力"猪仔"的后代？最后，全书各章适当地配置相关插图，有些来自档案，更多是作者在田野考察中拍摄的照片或绘制的地图，图文并茂，增加了阅读的乐趣。

总而言之，伟权博士之所以能够将学术议题巧妙地以通俗易懂的文笔呈现，或者说将史地故事提升至具有学术内涵的短篇文章，得益于他长期的田野考察，并勤于查阅档案文献的双重努力。近年来，马来西亚涌现了各类地方史出版物，成果参差不齐。伟权的作品可作为模板，在传播本土史地知识的同时，保持了立论有据的学术原则。高兴看到伟权能够游走于学术殿堂与大众教育之间，为马来西亚华人知识体系的建构添上浓墨重彩的一笔，是为序。

推荐序三

马来西亚资深文史田野工作者 李永球

读历史，写历史，历史能够带来什么？有说历史是一面镜子，能够鉴古知今，了解过去，知道当今，预知未来。既然是一面镜鉴，又是怎样的镜鉴呢？那就众说纷纭，各有不同的看法。总觉得那是一面照妖镜，在历史的镜鉴下，妖魔无法遁形，正义永远是真理。

"董狐之笔"此话是形容撰史依照事实，公正不偏。撰写历史须有此精神，依照资料，有一分证据说一分话，切忌添油加醋，胡编瞎造，撰史者必须具备此种"历史道德"，对得起天地良心。历史是胜利或当权者撰写的，我们华族的历史就得靠我们自己来撰写，由外族或外国人来撰写，往往只写到皮而写不到骨头里的精髓。

照妖镜之下，被抹黑消灭的历史，展现凤凰重生；被篡改捏造的历史，显出丑态百出；被排斥边缘的历史，终于重见天日；被诋毁诽谤的历史，获得伸张正义。

白伟权博士即将出版一本有关太平的史书，邀我为之写序，受宠若惊之下，不敢怠慢，唯有遵命提笔。

细读白博士的文章，发现研究成果比很多人都来得好，扎实稳重，大量引用文献及田野资料，这方面我深感惭愧，亦感到望尘莫及。由于白博士致力于收集及阅读文献资料，在此方面勤下苦功，收获的果实丰硕。因此不仅钦佩，更觉得应该虚心向他学习。

撰写历史文章，除了文献资料，田野调查也是一项很重要的工作。由当地人收集资料并撰写是最好的。若是外地人，就得长期居留一段时间，付出加倍的努力，才会有好的成绩。

在田野数据方面，白博士是有缺陷，不仅不够完整，也不够深入，毕竟他不是太平本地人。他来过太平几次，急匆匆收集资料就走，这方面就有欠缺了。但是，批评人家之际，或者说否定人家之后，本人也得自我检讨，切忌倚老卖老，以专家学者自居，目中无人。虽然我在田野调查方面做得好，不过在文献方面就不够完整，也不够全面了，毕竟我天生比较懒，文化水平也不够，阅读数据就困难重重。

我非常坚持由本地人撰写本地史。虽说外来的和尚会念经，这得住上多年熟悉当地后，才会有滚瓜烂熟之效，否则就出现荒腔走板的窘况。如果白博士做的是他本身家乡的历史，那就得心应手，事半功倍矣！

地方史最适合当地人来做，盖因外地人对地方不是很熟悉，对当地语言、环境、地理、人文、历史更是生疏，做起来就障碍重重，无法深入。阅读过他的一些文章，发现就有这些缺点，讲了这么多，不举个例子仿佛在贬低人家，自高自大。曾经拜读过他的文章，记得他写太平的"福建义山"，这是不正确的名称，真

拜别唐山

在马来半岛异域重生

[马来西亚] 白伟权 著

中国出版集团 东方出版中心

图书在版编目（CIP）数据

拜别唐山：在马来半岛异域重生 / (马来) 白伟权
著. - - 上海：东方出版中心, 2025. 5. - - ISBN 978 - 7 -
5473 - 2726 - 5

Ⅰ. D634.333.8

中国国家版本馆CIP数据核字第2025GL3892号

拜别唐山：在马来半岛异域重生

著　　　者　［马来］白伟权
策划/责编　王欢欢
封扉设计　赵　瑾

出 版 人　陈义望
出版发行　东方出版中心
地　　址　上海市仙霞路345号
邮政编码　200336
电　　话　021- 62417400
印 刷 者　山东韵杰文化科技有限公司

开　　本　890mm×1240mm　1/32
印　　张　8
插　　页　2
字　　数　165千字
版　　次　2025年6月第1版
印　　次　2025年6月第1次印刷
定　　价　68.00元

推荐序一

台湾师范大学地理学系荣誉教授 陈国川

东南亚区域的名称多元，提醒我们反思："谁的历史？谁写的历史？"的问题。白伟权教授，我们都昵称他小白，十余年来孜孜矻矻于田野，皓首穷经于文献史料，从不间断。经由田野调查及档案、古地图搜集史料，采跨域的观点，以拿律为核心的北马舞台，书写近二百年来的庶民历史，并厘清华人在这块土地历史中扮演的角色。

本书由三个主题单元组成，首先"这才是华人社会日常"，以华人先辈在热带丛林中争夺、采集不可更新资源为轴线，描述华人社会底层庶民，离乡背井来此谋生时的劳动条件、饮食内容、地方疾病及社会网络等，他们大多付出了健康甚至生命的代价，成就的不只是今日华族生活家园的奠基者，也是北马历史的共同书写者。第二单元"异域重生：拿律演义"，描绘来自不同原乡的华人族群，在采集资源过程中，彼此之间，以及和在地邦国、英国殖民势力之间的互动，相当程度重建了十九世纪拿律地区人—地交互作用、人—人交互作用与地—地交互作用的历史图像。最后，"拜别唐山的华人们"单元，则以锡米产业链各级矿务主及商贾为主角，以锡矿开采、加工、物流等的操作为经，以操作过程刻画的遗迹与地景为纬，书写各阶层华人先辈在实践"日久他乡变故乡"过程里，所付出的努力与代价。

本书的最大贡献是，以宏观的区域视角，回到小地域或地点的历史现场。从荒野中的墓碑、庙宇里的牌匾、对联及碑记，以及行政、治安单位留下的档案与古地图等庶民史料，以简洁精确的描述，诉说先辈筚路蓝缕的过程。在各篇的叙述中，小白以苦力、头家、会党、地景、矿主及其产业链中的商贾为对象，解析他们在历史现场所面对的环境挑战与时代难题，在多面向的历史发展中，讲述这些发展如何引导他们在历史长河中确定自己的位置。当然，这些挑战、难题或历史定位，未必成为科学性的知识问题，但却是自身生命意义的创造与展现。我们现在享受他们奠基的家园之余，不只要缅怀，更要关切他们栉风沐雨的过程。

在博士论文完成后，小白不断多方尝试研究的切入角度，从未间断过其学术旅程，本书是他汇集近年研究成果的第二本专著。研究过程中，小白深入各地义山拍摄墓碑数据，造访各地庙宇记录碑记、牌匾，亲临大小图书馆搜集各式档案，探问在地耆老搜罗口述信息，经由这些过程克服华族先辈留下史料较为欠缺的困境。本书汇集的各篇专文，都是他一步一脚印的锥心之作。我肯定小白对学术的执着、对家乡的热情，更佩服他有取之不尽的动能。能够先睹本书的内容，是我的光荣。

推荐序二

新加坡国立大学中文系教授 黄贤强

首次与伟权相遇可追溯至2010年。当时，我应台湾师范大学地理学系陈国川教授之邀，担任其门生叶韵翠博士论文答辩的口试委员之一，那时的伟权是一位出席旁听答辩的硕士生。在闲谈中，惊喜地发现我们同是马来西亚新山宽柔中学的校友，尽管我比他早很多年毕业。更引起我关注的是，他正在研究的硕士论文课题是"马来西亚柔佛州新山华人社会的变迁与整合（1855—1942）"，准备有系统地梳理和论析新山开埠后到二战前近百年的文化地景发展和演变。伟权于2011年完成硕士论文并顺利取得硕士学位后，继续攻读博士学位，并以马来西亚的另外一个地域作为研究个案，深入探讨国家与地方、产业与社会的错综复杂关系。

2016年，我再度有幸受到陈国川教授的邀请，成为伟权博士论文《国家、产业与地方社会的形构：马来亚拿律地域华人社会的形成与变迁（1848—1911）》的口试委员。这部博士论文有丰富史料，立论有据，学术视野广阔。伟权的博士论文不仅顺利通过了答辩，也成为研究拿律地区，甚至是研究整个马来亚地区华人社会的重要学术著作。

如果说伟权的博士论文是一部严肃的学术著作，是与学界同行对话的作品，那么，这本《拜别唐山：在马来半岛异域重生》则是面向普罗大众的读物，内容精炼，却不失学术养分。换句话说，它具备学术内涵，却以通俗易懂的文笔将故事讲清楚，说明白。

本书至少有三个值得关注的特点：首先，书中所收录的文章并非一般无据可查的野史或耆老的回忆，而是有充分的史料支撑，有注明数据源，并经过考证的史地故事。每篇文章末尾均列有"参考文献"，提供相关参考文献乃至原始数据，为有兴趣深入探究的读者提供了指引。其次，书中的一些故事或许看似熟悉，但并非老生常谈，而是带有新的观点和论述。伟权喜欢与读者一同探讨问题，逐层揭示问题的真相。例如，他引领读者思考东南亚华人是否都是苦力"猪仔"的后代？最后，全书各章适当地配置相关插图，有些来自档案，更多是作者在田野考察中拍摄的照片或绘制的地图，图文并茂，增加了阅读的乐趣。

总而言之，伟权博士之所以能够将学术议题巧妙地以通俗易懂的文笔呈现，或者说将史地故事提升至具有学术内涵的短篇文章，得益于他长期的田野考察，并勤于查阅档案文献的双重努力。近年来，马来西亚涌现了各类地方史出版物，成果参差不齐。伟权的作品可作为模板，在传播本土史地知识的同时，保持了立论有据的学术原则。高兴看到伟权能够游走于学术殿堂与大众教育之间，为马来西亚华人知识体系的建构添上浓墨重彩的一笔，是为序。

推荐序三

马来西亚资深文史田野工作者 李永球

读历史，写历史，历史能够带来什么？有说历史是一面镜子，能够鉴古知今，了解过去，知道当今，预知未来。既然是一面镜鉴，又是怎样的镜鉴呢？那就众说纷纭，各有不同的看法。总觉得那是一面照妖镜，在历史的镜鉴下，妖魔无法遁形，正义永远是真理。

"董狐之笔"此话是形容撰史依照事实，公正不偏。撰写历史须有此精神，依照资料，有一分证据说一分话，切忌添油加醋，胡编瞎造，撰史者必须具备此种"历史道德"，对得起天地良心。历史是胜利或当权者撰写的，我们华族的历史就得靠我们自己来撰写，由外族或外国人来撰写，往往只写到皮而写不到骨头里的精髓。

照妖镜之下，被抹黑消灭的历史，展现凤凰重生；被篡改捏造的历史，显出丑态百出；被排斥边缘的历史，终于重见天日；被诋毁诽谤的历史，获得伸张正义。

白伟权博士即将出版一本有关太平的史书，邀我为之写序，受宠若惊之下，不敢怠慢，唯有遵命提笔。

细读白博士的文章，发现研究成果比很多人都来得好，扎实稳重，大量引用文献及田野资料，这方面我深感惭愧，亦感到望尘莫及。由于白博士致力于收集及阅读文献资料，在此方面勤下苦功，收获的果实丰硕。因此不仅钦佩，更觉得应该虚心向他学习。

撰写历史文章，除了文献资料，田野调查也是一项很重要的工作。由当地人收集资料并撰写是最好的。若是外地人，就得长期居留一段时间，付出加倍的努力，才会有好的成绩。

在田野数据方面，白博士是有缺陷，不仅不够完整，也不够深入，毕竟他不是太平本地人。他来过太平几次，急匆匆收集资料就走，这方面就有欠缺了。但是，批评人家之际，或者说否定人家之后，本人也得自我检讨，切忌倚老卖老，以专家学者自居，目中无人。虽然我在田野调查方面做得好，不过在文献方面就不够完整，也不够全面了，毕竟我天生比较懒，文化水平也不够，阅读数据就困难重重。

我非常坚持由本地人撰写本地史。虽说外来的和尚会念经，这得住上多年熟悉当地后，才会有滚瓜烂熟之效，否则就出现荒腔走板的窘况。如果白博士做的是他本身家乡的历史，那就得心应手，事半功倍矣！

地方史最适合当地人来做，盖因外地人对地方不是很熟悉，对当地语言、环境、地理、人文、历史更是生疏，做起来就障碍重重，无法深入。阅读过他的一些文章，发现就有这些缺点，讲了这么多，不举个例子仿佛在贬低人家，自高自大。曾经拜读过他的文章，记得他写太平的"福建义山"，这是不正确的名称，真正是"福建公冢"。不过瑕不掩瑜,其文章依然掷地有声,值得赞扬并推荐。毕竟多一个人来撰写,好过少一个人写,还是赞成并感谢他对于太平历史的撰写并交出极佳的果实。

而一些文献派的学者,则不注重田野调查资料,完全抄自书籍及文献,如此一来,书中有误则跟着误矣。或许有人认为书籍文献或官方档案、报章数据不会错,其实还是有一些错误或不实的,所谓外行人看热闹,内行人看门道,照妖镜之下,如何遁形呢?

目 录

图片目录

导　论

东南亚之前的南洋世界

东南亚是现今人们熟知的地理名词，然而对很多老一辈的人而言，这是一个新的词语。在二战之前的历史长河中，这块区域有很多的名字，欧洲人称之为东印度（East Indies），中国人则称之为"南洋"，当地南岛民族则称之为Nusantara。除了Nusantara之外，无论是南洋，还是东印度，这些名字都是站在他者的角度命名，充满了他者的想象以及主导意识。这种现象并非凭空产生，多少也贴切地反映了某种历史现实。

对过去的世界而言，这里物产丰富，有着世界市场所需的商品，因此成为兵家必争之地。在争相占地的同时，这里地广人稀，无法支持生产过程中所需的劳力，在此情况下，这片区域成为周边的人口大国人们移出的目的地。中国人便是这个过程当中的最大参与者，也开启了海外华侨、海外华人在南洋的序章。

事实上，无论是回到历史现场，或是放在今天的情境，离开自己熟悉的地方，前往一个文化、政治等客观环境上不属于自己的地方，绝对不是必然的，而是经历过无限选择与挣扎，以及各种推力、拉力的结果。若是以清朝中末叶这个华人大举出洋的时代来检视当时中国的话，中国无疑是个相当深的洼地。地方治安不靖、械斗、人口暴涨、天灾、西方国家的入侵、割地赔款、官府压迫等问题层出不穷，这种从下而上的困境形成一股极强的推力，将人们推向出洋之途。

南洋是中国人出洋的最大目的地，这里由多个大小邦国所组成，在殖民经济的作用下，这里是一片处处充满通商机会的大型贸易场，为冒险者提供了无限的可能。南洋在族群构成上以南岛民族为主体，其他也包含旅居于此的西方殖民者、传教士，以及来自阿拉伯、印度、欧美等地的商人和移民，可谓族群杂处，众声喧哗。这样的异域是中国正统观念下的"蛮夷之邦"，按照正常逻辑，在没有人为干预的情况下，这边不会有中国元素，但随着外围各个国家的移民相继前来定居之后，这片土地开始变得精彩，精彩的地方在于有许多无法预测的创新元素。

中国人进入南洋的多元世界可谓是一种新的尝试。南洋的环境则如同一个缩小版的世界，一个福建人隔壁可以是广府人，像是在槟城的椰脚街（Jalan Masjid Kapitan Keling），同一条街上不到四百米的距离内就可以出现华人的观音庙、印度人的象头神神龛、印裔穆斯林的甲必丹吉宁回教堂，以及英国人的圣公会教堂。中国人在这片多元世界定居后，也开始吸纳其他文化而成为有别于原乡华人的"南洋华人"。其中最显著的例子就是存在于新加坡、槟城、马六甲这些贸易港市的峇峇社群。一般南洋华人即使不像峇峇社群拥有这么多的"番夷"元素，在日常生活中，无论是语言或是饮食习惯上，或多或少也会受到"番夷"的影响。

在社会上，除了与原乡所不同的多元之外，这里也收纳了许多原乡所谓的"暴徒"。例如在大明实施海禁政策后流亡海外的走私客和海盗，以及在明末清初，那些不服从清朝统治而转往海外以发展"国际战线"的叛乱分子。在此后的整个清代当中，不时也有人高举反清的旗帜来抵抗清政权，在生存空间日益限缩的情况下，每个时间点都有人转往海外，悬居南洋，南洋由此成为天地会"暴徒"的大本营。

据殖民官员的报告，19世纪中叶这里的华人超过60%有会党身份，会党俨然成为华人社会生活的一部分。这些天地会组织在南洋诸土著王国是合法团体，早期的南洋开发基本都离不开天地会的势力，而居中团结他们的精神标语更是"反清复明"，南洋俨然成为反清势力的人才库。无论是1850年的厦门小刀会起事还是清末的革命运动，都能见到南洋华人的身影。

从多元的文化、会党林立的角度看来，南洋与原乡确实有着180度的不同，这样的差异也构成南洋特殊的主体性，成为形塑南洋华人认同的要素。上述所列举的南洋特色，其实在东南亚各地的发展轴线几乎一致。无论是在马来亚、印度尼西亚、越南、缅甸、暹罗、菲律宾等，华人的在地发展轴线或是所面对的挑战几乎是一致的，不外乎是华人没有国家（中国）在背后保护，他们对于国家也抱持矛盾的态度，既希望有国家，但是又却步于自己的国家，而东南亚华人也共同经历殖民统治转变为独立国家后的挑战。在这种历史共性的作用下，"南洋"已成为东南亚华人的集体认同。那么，在这个垂直历史上多变，横向轴线也很多元的南洋，华人是如何看待自己的？

南洋论述的建构及悲情转向

南洋如何被人所理解，离不开文本的建构，早在清代之前，基本上就已经开始出现文人对南洋的书写，这也是"南洋"论述建构的一种过程。明、清时期的南洋书写多数是以游记的方式出现，像马欢的《瀛涯胜览》（1451）、陈伦炯的《海国见闻录》（1730）、谢清高的《海录》（1820）、力钧的《槟榔屿志略》（1895）、李钟珏的《新嘉坡风土记》（1887）、王锡祺的《小方壶斋舆地丛抄》（1891）等。这时候的南洋书写者大多并非移民或是寓居者（sojourn），而是以一个天朝文人、旅行者的身份来书写南洋番邦，对他们而言，印象深刻会被记录的事物无疑是当地居民的服饰、风俗民情、土王、物产等等，充满了萨义德（Edward Wadie Said）那种东方主义的调调。

随着南洋地区历经多年的城镇化，加上晚清至民国初年的纷乱，开始有越来越多的移民定居南洋。这时也开始出现一些前来避难的中国南来文人，他们也成为接下来南洋意象的建构者。较知名的有张礼千、姚楠以及许云樵对马来亚各地和东南亚的书写。他们是活跃于20世纪初至二战后初期的民国文人，被称为"南洋研究三杰"。他们在中国战乱时期以侨民身份寓居南洋，因此在这里并没有国籍，但长久的居住也已经令他们对这片土地有所认同，他们的出现也正是南洋研究的滥觞。

他们的书写有几个特色，主要是把马来西亚华人社会视为华南闽粤社会的延伸，在这个社会中，方言群、帮群林立，华人以会馆、庙宇、行业组织等的机构集结。这或许是因为广大闽粤地区的人们聚集在这小小的聚落中所呈现出的特殊景观，因此成为不得不提的元素。有趣的是，他们的视野并不局限于华人小区，更关注区域历史的发展，马来半岛、暹罗、缅甸等南洋地区都是其关注的重点。此外，他们常针对一些南洋文化进行考释，亦大量翻译其他语言的研究成果，充分体现其为这片土地建立论述的企图心。

在他们之前，南洋研究其实主要是由学院派殖民学者所主导，他们产量丰富，早在19世纪中叶以前便已有自己的发表平台，像1847年发刊的《印度群岛与东亚学报》（*Journal of the Indian Archipelago and Eastern Asia*）、1878至1922年发刊的《皇家亚洲学会海峡分会学报》（*Journal of the Straits Branch of the Royal Asiatic Society*，*JSBRAS*），以及1923年接续至1941年的《皇家亚洲学会马来亚分会学报》（*Journal of the Malayan Branch of the Royal Asiatic Society*，*JMBRAS*），这些刊物激发了中国南来文人对南洋知识的追求，于是他们集了其他志趣相投的学人，才有了1940年中国南洋学会和《南洋学报》的出现。自南洋研究的学群成型之后，后来的学者也开始继续投入，已经形成一套南洋华人的研究体系。

二战后，大部分的华人开始面对人生的重大抉择，究竟要放弃中国国籍，入籍侨居地，还是放弃在侨居地辛苦打拼的成果，举家迁回动荡的中国？在长久以来国家与民族身份重叠的情况下，选择脱离中国籍当一名外国人，这是一个相当困难的抉择，也是他们无法想象的事，毕竟"加入番邦者，还能算是唐人吗"？

但从后来的历史结果看来，成为新的华人是绝大部分人的选择。在这些新兴国家生活的华人，入籍之后并不代表王子和公主从此过着幸福快乐的生活，真正的挑战才正要开始。华人在东南亚这些土著所掌权的新兴国家当中面临着许多的挑战，这些挑战也影响了华人内部既有的帮群认同，使华人转向一体化，以面对族群政治的挑战。在新时代中，"悲情"成为华人社会论述的主旋律。

在此背景下，这时期的南洋研究不免也会呈现出一种悲情性格，这种悲情并不见得只是表现在"卖猪仔"的惨痛经过，同时也会呈现出一种华人贡献的历史论述，内容类似传统中国史的治、乱、兴、衰，有着固定方程式："从华人'卖猪仔'南来，最后在自己的努力、克勤克俭等中华传统美德的作用下，终于成功排除万难在本地开拓一番事业，即使国家再如何打压，也不畏惧，国家有今天的发展，也不应该忘记华人的贡献。"

类似的故事情节在许多民间论述中不断出现。然而借由史料的考证，真正的历史事实是残酷的，因为真正的"猪仔"大多在开发时期就已经死亡，并未留下后代，华人底层劳工所面对的剥削者，也不见得是殖民者，更多的是来自华人的上层阶级。目前许多的华人，其祖先多是20世纪初南来的自由移民，而那些在本地超过四代或五代的，其祖先大多是当时的佼佼者，并非底层人士。当然，这样的历史论述有其时代背景，那么，南洋史是否就只能停留在"有贡献的华人"以及"悲情"之上？若不是的话，未来的南洋史应该如何书写呢？

我们要怎样的南洋史？

在解答这个问题之前，我们同样回顾当前的大环境，以马来西亚而言，目前许多的第三、第四代华人对于祖籍国是陌生的，许多年轻人甚至不知道自己的籍贯，也无法掌握先辈的方言，加之现今华人政治处境已不如20世纪70至80年代那样的严峻，华人议题逐渐不是争议性话题。此外，在全球化的浪潮下，大家更关注的是如何继续保有在地的特色及身份认同。在新的环境下，告别华人研究，告别悲情，回到20世纪中叶南洋学会，重新将华人与其他族群放在一个平等客观的平台之上，或许是南洋研究可以提供的贡献。

那么，接下来要看的是，为什么要告别"有贡献的华人"和"悲情"？如何告别？华人与会党是一个很好的案例。很长的时间里，华人对于先辈存在秘密会社（天地会组织）等过去，总是充满着矛盾与尴尬，导致在论述这段历史时，经常会用一种避重就轻，甚至花很多文字去加以修饰或掩饰他们所认为的"恶行"。若是站在价值二元对立的角度，只是关注好坏、道德不道德、仁与不仁等等，历史研究便成为一种民族主义道德光环的保卫战，为特定族群服务了。

也因为如此，马来西亚的华人与马来人才会陷入"华人是黑社会"的无谓骂战之中。因此需要站在历史现场的角度，跳脱二元的价值判断，承认过去的客观事实，不是去避而不谈，才是应该具备的观点态度。就像是回到中学历史课堂中，老师告诉学生学历史是为了以古鉴今的那份简单又单纯的初心。那么，我们要如何转移视线呢？

其实这个问题不难解答，且也已经有人解答。在2020年时，安焕然教授便集合从事新山研究的青年学者，编辑出版了一本名为《新史料·新视角：青年学者论新山》的论文集。这本书的创新之处诚如主编安焕然开宗明义所说的，在于新的史料和新的视角，如此一来才能够形成不同的论述。

在史料的应用上，用一些过去南洋研究不常用的档案及语言数据，像是用一些过去欧洲人、马来人对华人同一件事情的书写，往往会从他人视角中看到自己。例如当今华人认为自己卫生条件较好，较为干净时，从政府记录当中却看到在欧洲人的书写中，马来人是较注重卫生的民族，而政府费了很多的努力在维护华人聚落的卫生。当然，解读这些史料需要费一番心力去寻找，并且解读不同的文字，例如爪夷文、荷兰文等等。在当今，许多的史料公开、数字化，在线翻译软件日渐普及的条件之下，已为新史料的发掘和解读，提供了新的契机。

在新的视角方面，回顾过去，奠定南洋史基本格局的书写者多为中国南来文人，到了战后，新的研究者也多承袭他们的治学方法来叙写南洋史，成果卓著，必须肯定，但就归纳过去研究的角度而言，南洋史的方法论也呈现了十分单一的面貌。然而，随着近年来新一代研究者背景的多元性逐渐增加，我们可以看到来自人类学、历史学、社会学、地理学、经济学、公共卫生等领域的研究者，使南洋史的书写重新迎来多元发展的契机。

在新的视野下，旧有的史料可以有不同的解读，像是在看到19世纪的娼妓时，就不一定只有悲情的解读，而是女性主义、产业发展、国家政策等的讨论。此外，在议题式的研究主题下，南洋史的书写就不至于只服务于个别族群或是就地方而论，在研究某个族群或主题时，也可以出现跨域的论述。这种打破政治界线，将区域视为一个体系的视角来自历史学者布罗代尔（Fernand Braudel）和沃勒斯坦（Immanuel Wallerstein）的分析概念，也就是在思考地方的时候，需要跳脱一种展示橱窗那种一格一格，彼此毫无联结的"孤独地方"，因为地方是相互影响的，如此一来，南洋研究才能避免陷入孤独地方的限制。

黄贤强2008年在其《跨域史学：近代中国与南洋华人研究的新视野》便已经作出此一尝试。跨域，顾名思义就是强调地理空间上跨域行为，特别是政治和文化上的疆界。对此，黄氏一方面以中国及包含南洋在内的海外华人为对象，借由跨区域的共同事件（如美国、澳洲、马新地区华人的爱国运动），以及人物的跨域行为（如康有为、孙中山在各地的移动及意识传播）来展现他的跨域史学。另一方面，黄贤强的跨域也带有研究方法上的跨领域视野，从中可以看到地方史、性别史及历史人类学的互动尝试。此外，黄贤强2023年撰写的《伍连德新论：南洋知识分子与近现代中国医卫》亦是其跨域史学之作。

类似的新史料和新视角并非南洋史所独有，早在1990年代，一些学者在参照了满语、蒙语等少数民族史料之后，便开始对清史有了不同的解读，即从一个内亚区域史的角度来去反思，"汉化"和"朝贡体系"对于清朝历史理解的影响。纵使新清史同时也引来不少中外学者间的论战，但站在学术角度，能引起讨论的议题总好过写完出版之后就置诸高阁。因此期待在南洋史有新的视角进来之后，能跳脱单一族群，而有更多议题式的地方关怀，然后就特定主题展开南洋不同地区之间的比较。如此一来，南洋史才能跳脱独立的国别，而重新有对话及整合的机会，回去对应到最初应该有的"南洋"图像。综合上述，对于南洋历史书写的期许，本书又能够如何用新的史料和视角来理解马来半岛的华人社会呢？华人社会又有什么值得操作的点？

北马区域视角下的拿律

东南亚近代大历史当中的人与事，很大程度上始于欧洲在本区域的殖民经济。马来半岛作为东南亚的一环，其殖民经济的内容主要来自矿业以及种植业，这两种经济形态对马来半岛社会影响深远，可说是决定后续区域及历史发展的DNA。本书的内容主要聚焦于矿业经济发达的马来半岛，从19世纪拿律（Larut）的经验出发，观察华人拜别唐山之后的南洋重生记。拿律（今天的太平一带）位于马来半岛北部的马来王国霹雳（Perak），自19世纪中叶发现锡矿开始，它便由一个平凡的马来封地一跃成为马来半岛北部面积最大、人口最多的锡矿产区，因而也成为霹雳王国最为富裕的封地。也因为锡矿这一利源，中国人蜂拥而至，希望能够改变自己的命运。

在拿律这个马来封地，华人的数量已经多到能够自成体系，因此可以见到具有规模的锡矿场、劳工宿舍、商业市街、娱乐场所、庙宇、义山（坟山）等，可谓国中之国。这里的华人也分为义兴和海山两大集团，两者都是具有天地会性质的商业拓垦组织。拿律两大集团的存在建立于锡矿这一不可再生资源之上，资源的日益减少伴随着人口增加，也给拿律的社会稳定埋下了定时炸弹，最终在1861年开始爆发大规模的冲突。

拿律的冲突断断续续地持续了十余年，在此过程中，除了械斗带来的生命财产损失，我们可以看到华人集团之间的跨地域动员、马来统治者和英殖民者的响应，以及拿律对于槟城、新加坡等周边地区的影响。到了1874年，在英殖民政府的积极干预下，冲突终于结束，拿律所在的霹雳王国也由完全自主的马来王国变成英国的保护邦，成为英国殖民马来半岛的开端。

除了上述人事设定之外，拿律的空间架构也是值得我们留意的。拿律虽作为当时马来半岛的重要锡都，但它的价值却取决于附近的槟城。当1848年拿律发现锡矿时，马来封地主第一个前往的便是槟城，到当地去募集资金以及招揽开发的投资者。除了资金和人员之外，拿律生活所需的米粮、鸦片、酒等生活物资也都全由槟城供应，拿律所产出的锡矿也销往槟城。对槟城这个国际贸易港市而言，拿律只是其众多腹地之一，槟城可说是这个锡都的造王者。

拿律因为槟城而重要，并不意味着拿律就只是完全任由槟城影响的附属，拿律的地位仍然举足轻重，它的兴衰对槟城的社会经济也有直接的影响。当拿律矿业兴盛、锡价高涨时，槟城也迎来美好的经济荣景；当拿律因为华人冲突而生产停摆时，槟城的社会和经济也会有所感，效果立竿见影。在1867年所发生的槟城大暴动便是最好的例子，那是拿律战争的延伸。同时，拿律的身份也是多重的，在奠定锡都地位之后，拿律也成为北马腹地的中心，夹带着其所累积的资本及矿业知识，拿律矿家往周边地区扩散，像是拿律南部近打河谷（Kinta Valley）的怡保（Ipoh）、务边（Gopeng）、甲板（Papan）、拿乞（Lahat）、端洛（Tronoh）等地，这里多少都能够看到拿律的影子。像拿律这样有着特定产业内容，既是核心也是边区这样多重地理身份的地方，在东南亚其实相当常见，可说是一个典型的代表。综合拿律的人、事和空间架构可以得知，拿律在马来半岛历史中举足轻重，而撑起这个壮阔大历史的，则是底下微观的小故事。本书分为"这才是华人社会日常""异域重生：拿律演义"以及"拜别唐山的华人们"三大部分，每个部分由六个篇章组成，这些文章主要修改自笔者在《当今大马》的专栏。其中两篇曾收录于笔者2022年出版的《赤道线的南洋密码：台湾@马来半岛的跨域文化田野踏查志》，因叙述脉络及内容完整性所需，故再次纳入，经出版社同意重新收录于本书中，特此申谢。

1. 这才是华人社会日常

第一单元"这才是华人社会日常"特别挑选了华人身份、会党组织、饮食、娱乐等南洋华人研究常见的大议题为主轴，以期从日常生活的角度打破现有主流论述所存在的迷思。特别是当代马新华人，无论是老百姓还是政治领袖，总是喜欢将"我们是苦力'猪仔'的后代"这样的悲情论述挂在嘴边，因为这个低微的身份能够和华人后来的成功构成完美的对照，便可说好华人故事。然而回看过去人口的死亡率、性别比，再辅以周边朋友的家族经验之后，我们是不是"'猪仔'苦力的后代"，答案呼之欲出，因此本书以《我们的故事：我们是苦力"猪仔"的后代吗？》为开端，叩问华人自我的身份。

在那个真正有华人被当"猪仔"卖到南洋来，华人足以在马来土地上构成国中之国的时代，天地会组织——会党是华人社会生活的一部分。或许是受到电视剧影响，现代人对于过去的会党有一定的刻板印象，认为会党成员都是忠肝义胆，义气为先，但我们更应该思考的是，他们真是如此吗？以前的人凭什么跟现在的人不一样？《因为忠义所以卖命？被过度想象的会党历史》便期望能彰显出一直被过度想象的误区。

看了会党之后，我们回到当时的基层华人本身。一般认为，基层的苦力地位低微，并无什么影响力可言，因此在各种讨论中，他们都不会是被聚焦的对象。然而，劳工因为人口基数大，使得他们合起来之后，便会带来显著的影响。接下来这三篇《拿律矿工一顿饭所联结出的地理关系》《拿律矿工吞云吐雾间所促成的边区开发》《疫情即生活：19世纪的华人、矿工、脚气病》便是分别从拿律矿工的饮食、鸦片吸食，以及疾病这些日常的微观行为来突显他们的集体性对于区域地理环境及社会所带来的影响。

本单元最后一篇文章《19世纪游走于中国及马来海域的双国

籍华人》则转而观照处于上层阶级的华人。19世纪有能力在马来
半岛开枝散叶的人，多半有着中国人和英籍民的双重身份，他们
比起1857年马来亚独立时期的华人更早面临身份选择的问题。从
经验上看来，当时的华人比较不像现今的主流论述，每个都热爱
祖国以及传承中华文化，而是务实地因应不同情境来调整自己的
身份。

总体而言，第一单元主要是从一些人们熟悉的议题来反思华
人社会里头常见的主流论述，先从宏观的角度建立贴近历史事实
的史观，接着再进入第二单元。

2．异域重生：拿律演义

第二单元以"异域重生：拿律演义"为题，共由六篇文章组
成，这部分主要聚焦于拿律战争这个大历史背景之下的小故事。
这里首先以《寻找消失的拿律旧矿区》为开端，先对这个华人生
活的矿区有基本的空间概念，从资源、生产方式以及两大阵营华
人所处的位置来看，地理环境如何为华人社会埋下冲突因子。长
达十余年的拿律战争是残酷的，每一次的冲突都造成数以万计的
人命伤亡，对于这些冲突，人们所关注的往往都是男性，像是苦
力、矿主以及那些居住在槟城的大资本家。然而除了男性之外，
女性也是拿律战争的重要角色。在那个非自由移民的时期，拿律
的女性绝大部分以娼妓的身份出现，少部分则是当地上层人士的
妻儿。女性虽然不参与战争，但她们却是战争的牺牲品，就像古
代战事一样，战胜的一方除了夺取战败方的财物之外，女性也是
被夺取的对象。《看得见的拿律女性：米字旗升起前夕的一场妇女

营救行动》便是希望女性能够被看见，看女性如何成为拿律战争的战利品，而基于人道主义精神的英国人如何四处奔走营救女性。

除了女性应该被看见之外，华人研究一直都有另一个问题，也就是研究论述中，永远都只有华人，似乎华人孤立存在于族群多元的异族世界之中。其实不然，《威震南帮：拿律战争与本地锡克人的扎根》便是讲述第三次拿律战争陷入胶着，就连马来统治者也无法控制局面时，槟城警官史必迪（Speedy）便接受马来统治者的委托，辞职前往印度旁遮普去募集锡克佣兵，最终借着他们的力量成功平定拿律战争。锡克人就此成为英政府管理殖民地的中坚力量，其军警的形象至今仍深入民心，锡克人也就此在马来半岛落地生根，成为马来西亚其中一大族群。拿律战争便是这一社会面貌的关键推手。

在拿律战争结束后，为了长久平息拿律各地的冲击，英国与霹雳统治者们签订了《邦咯条约》，也标志着霹雳乃至马来半岛其他邦国进入英殖民时期的开端。该条约对马来西亚意义非凡，不仅考试会考，连国家档案馆也会在大厅展示条约照片。但实际上，国家历史所不会提的是英国人和拿律华人因应日后经济生产管理权责的《邦咯副约》。因此，《被遗忘的〈邦咯副约〉》便是讲述这个被遗忘的条约，同时也探讨英国如何确保条约对华人的约束力。

《邦咯条约》签订之后，英国派驻参政司接管霹雳。同样的，战事平定之后，马来统治者并不见得理所当然地会遵守合约精神，他们仍无法放弃其固有的征税权。《怡保大钟楼与拿督沙谷广场的超时空咒怨》便是讲述英国参政司和马来统治者之间的权力拉扯。这个冲突有趣的地方在于，故事并没有在参政司遭到地方马来领袖暗杀,英国出兵平定叛乱后终止。在此之后,双方的角力继续展现在以参政司伯治(Birch)为名的纪念钟楼之上,历经英殖民全盛时期、马来亚独立初期、种族主义高涨的后殖民时期,怡保大钟楼都有不同的命运,从中可以看出当代马来政府对于殖民历史论述的态度。

继霹雳之后,英殖民势力陆续以同样的方式接管了其他几个同样是产锡且动乱不堪的马来邦国,像是雪兰莪和森美兰。进入英据时期之后,原有马来邦国之间的界线被打破,无形中也加强了人员和资本的流动,马来半岛历经另一波的区域化过程。《陈秀连的跨域事迹与拿律在历史上的地理意义》便是讲述拿律海山矿家陈秀连在英据时期如何离开拿律前往中部的雪兰莪开发,最终扎根雪兰莪。现今,陈秀连已经是雪兰莪和吉隆坡地区人们所熟知的名字,从轻铁陈秀连站、陈秀连路,甚至是变奏的陈秀"莲"蒸鱼头,陈秀连已经和雪隆地区密不可分了,唯一被人们所遗忘的是,他是一位出自拿律的矿家。

3. 拜别唐山的华人们

第三单元"拜别唐山的华人们",顾名思义,谈的就是人物。在拿律演义当中,人物关系并非表面上看到的义兴海山、广府客家这些简化的二元概念。事实上,他们拥有不同的角色,像是矿工、财副、工头、矿主、熔锡厂主、缴主(投资人)、饷码商(税收承包人)、粮食商、会党领袖、马来封地主、英国总督等等,他们构成了拿律复杂的人物关系网。幸运的是,这些人物并没有完全随着时间而消逝,反而是因为一些事件或过程以不同形式保留下来,像是义山的墓碑、庙宇的碑记、街道上的路牌，以及会馆的肖像和机构里头的铜像等，这使它们成为可以近距离接触的历史人物。

拿律开发虽早，但马来王国时期的华人史迹却少之又少，《前殖民时期的拿律矿主：从岭南庙冢的同治古墓谈起》便是旨在叙写和考证硕果仅存的拿律矿主的墓碑，以期从微观尺度了解这些矿主的家族信息。在拿律，矿主们虽然都是以广、客籍为主，这也是马来半岛乃至东南亚矿区普遍的现象。然而，若将锡矿放在上下游的生产链来看的话，便会浮现其他华人族群的图像，福建商人便是隐藏在锡矿产销链背后，最具影响力的群体。《隐藏在拿律锡矿产业链中的槟城福建商人》便是整理出影响拿律锡矿产业和社会的几个槟城福建大家族，了解他们的角色以及影响，让人物关系的拼图更加具体。

《凤山寺碑记：石头上的社会关系图》及《槟城大伯公街福德祠里的拿律大佬》则是更进一步了解这些人物的社会网络，从这些碑文的名单当中，我们能够见到的，更多是一些居住在外地（特别是槟城）的著名商人。他们在各种资料上都未呈现出与拿律的关系，但在碑文中，同一群人却重复出现在槟城和拿律等地，完整呈现了核心和腹地之间密不可分的社会关系。当然，拿律的地域身份是双重的，对槟城而言，它是边区，是腹地，但对霹雳其他地方而言，拿律是核心。

拿律历经长年的发展，已经累积出深厚的资本和矿业知识，因此进入英据时期以后，许多拿律矿家夹带着资本和技术，扩散至霹雳其他地方，成为地方开发的主力。当然，拿律锡矿也有被开挖殆尽的一天，到了1930年代，霹雳首都的地位便拱手交接给近打河谷的另一个锡都——怡保。怡保是现今马来西亚人熟知的矿区，拿律的地位早已为当代人所遗忘，《怡保街路牌上的华人矿家溯源》便是从日常生活可见的人名路牌着手，回顾这些人物的历史，从中可以发现不少镶嵌于怡保的华人矿家，都像雪隆的陈秀连一样，具有拿律背景，足见拿律虽然因为矿产资源的下滑而逐渐淡出历史舞台，但对周边地区的影响仍是深远的。

拿律的关系当然不仅限于槟城和怡保，通过人与人的联结，其所带出的地—地关系可以无远弗届，充满无限的可能。本书最后一章《拿律海山大哥与港大中文学院主任》便是讲述马来半岛矿业边区和香港之间的关系，从中可以见到增城籍的海山大哥郑景贵与同乡——朝廷太史赖际熙之间的往来。清朝覆亡之后，赖际熙来到香港，凭借着先前在南洋所累积的网络关系，最终开创了香港大学的中文学院，也建立了对马新地区客家意识有深远影响的崇正总会。

对现在的人而言，拿律或许毫不起眼，它的历史也无法和一些大国历史相提并论，但它的故事绝对是同一时期整个南洋华人历史的典型。南洋华人的历史有着诸多面向，而华人大城市的经验并不足以涵盖它们，只有借由不同的区域和族群视野，辅以不同的材料，才能构建出贴切的拿律经验，同时破除被想象的历史，进而跳出"有贡献的华人"以及"悲情"的误区。

参考文献

王赓武：《中国与海外华人》，台北：台湾商务，1994年。

安焕然编：《新史料·新视角：青年学者论新山》，新山：南方大学出版社，2020年。

黄贤强：《跨域史学：近代中国与南洋华人研究的新视野》，厦门：厦门大学出版社，2008年。

黄贤强：《伍连德新论：南洋知识分子与近现代中国医卫》，台北：台湾大学出版中心，2023年。

廖文辉：《马新史学80年：从"南洋研究"到"华人研究"（1930—2009）》，上海：上海三联书店，2017年。

第一单元

这才是华人社会日常

一、我们的故事：我们是苦力"猪仔"的后代吗？

故事的开端

小时候的教育，凡提到华族祖先南来的故事，我们所听到的叙述如出一辙：在过去，华族的祖先皆是中国生活困苦的贫农，为势所逼，被迫当"猪仔"卖到南洋来，初到陌生的环境，处处被人压榨，靠着坚韧不拔的精神，最终在异乡闯出一片天……

这样的故事不仅广传于马来西亚，在华人比例甚高的新加坡更是如此。时任总理李光耀更在1978年11月和到访的中国领导人邓小平提及，"怎么说我们都不过只是福建、广东等地目不识丁、没有田地的农民的后裔"，反观中国领导阶层许多却尽是留守中原的达官显要、文人学士的后代。这段话亦隐约地表达出"贫农后裔"创造亚洲经济奇迹的自豪感。

耳濡目染之下，大家的祖父、曾祖父还真的就在我们的认知中变成了"苦力'猪仔'"，他们克勤克俭地生活，最终创造出当地的经济奇迹，成就了一段华族历史佳话。没错！这些可歌可泣的"佳话"刻画出华人逆境求存的精神。

事的缺角：苦力"猪仔"的后代？

故事桥段是如此地深植人心，但是，当大家仔细忆述自己家族的过去，却又会发现并不是这么一回事。深究细查，相较于被当"猪仔"卖到南洋来的苦力经验，更多人的祖辈是当地小本生意的经营者，有的则是前来投靠自己的亲人，并受雇于亲友经营的商号、园丘或矿场。那么，苦力的后代都到哪里去了？

根据1874年拿律（今太平）地区的马来封地主卡伊布拉欣（Ngah Ibrahim，拿律战争的主角之一）的口述：在进行森林开拓的时候，大概会有10%~20%的苦力死亡；矿区开办初期，死亡率可高达50%，因此只有最穷的人才会前来开矿！

事实上，卡伊布拉欣所提供的数据已算保守，根据日里（Deli，今苏门答腊棉兰一带）甲必丹张煜南所编的《海国公余辑录》记载，南来者在船只航行途中就已死了三分之一，到达南洋之后，又有三分之一因为各种原因而死亡，在所剩下的三分之一当中，能够克勤克俭累积致富的，"不过百中之一二耳"。另外，根据战前学者温雄飞搜集的访谈资料，南洋曾经有一个胡椒园在开发时，招募了50名苦力，但在半年之内死了48人，而园丘仅仅开发了一半，故再招50名苦力前来递补，又死了36人，死亡率高达84%，换句话说，100人当中仅16人能够存活。这些事实一再告诉我们，拓垦时期的高死亡率其实是一种常态。

未被驯化的生态环境

这样高的死亡率其实源于各种环境的残酷挑战，在19世纪中叶马来半岛大开发时期，这些"猪仔"所面对的是一个沼泽杂木遍布的原始森林，这样的环境对于前来拓垦的苦力来说，实为一个充满生命不确定性的环境。因此，存活下来的条件并不只是靠着"坚韧不拔"的精神，而是秉持着物竞天择的公理，跨越来自天候、疾病、野兽等威胁所立下的生存门槛。

根据战前《柔佛年报》（*Johore Annual Report*）的记载，当时流行于当地的疾病就有疟疾、痢疾、肺炎、肠热病、脚气病、黑水热病等等，许多初到南洋尚未适应环境的苦力容易染病，加上在当时医疗与卫生条件不佳的情况下，致死率非常高。

此外，"原始的环境"与"猛兽的乐土"往往是一体的两面，在以种植业为主的柔佛，巴克利[1]（Buckley）便记载了柔佛19世纪中叶，每天都有人死于虎口的事实。为此，柔佛政府也开出高额奖金鼓励民众捕杀各种猛兽，如老虎、鳄鱼和蛇等。在北马，即使是在已经开发近四十年之久的拿律地区，在1874年间，仍然发生两起鳄鱼吃人事件。对此，刚接手管理上霹雳（Upper Perak）的史必迪上尉竟表示相当欣慰，因为这个数字在当时已经算少了。

男多女少的环境

除了充满威胁的自然环境，当时华人所面对的，也是一个男女比

1　详见于文后"参考文献"。

例悬殊的社会环境。根据英殖民政府在1879年对于霹雳华人人口的统计，全霹雳约有19 114名男性华人，女性华人则仅有1 259人，男女性别比约为15：1，性别比例悬殊，为现今常态比的10倍。

这样的现实也具体呈现在早年的墓碑当中，笔者在太平年代最久远的岭南冢山便发现许多早期的墓碑，但其立碑者都不是刻上子女或妻子的名字，而是亡者的男性宗亲或共事者的名字，例如"叔""兄""弟""侄"的称呼。换言之，最早的这群移民要在男多女少的环境中繁衍下一代，是非常困难的事情。

故事的现实

故事来到尾端，我们才惊觉引以为傲的历史并不如大家口中所畅谈的如此伟大。无论是我们所认知的"祖先"，或是李光耀所说的闽粤贫农，他们绝大部分都没有机会繁衍后代，而与我们有着血缘关系的祖辈，则是一批又一批的苦力"猪仔"，将原始环境驯化之后，才成为扎根于此的受益者。

所以，当华人在自豪是苦力"猪仔"后代的当儿，或许得先谦卑地缅怀那些名不见经传、用生命驯化环境的先人，他们与我们可能没什么关系，甚至可能是成就我们祖辈风光业绩底下的那群苦力"猪仔"。因为真正开疆拓土的人，极大部分都无法享受到自己努力的果实。

或许，故事的现实并不那么完美，那缺了角的历史碎片是如此地沉重不堪，以至于大家都刻意将之遗忘。但往往这崩了的碎角才是故事的核心精神，接受一个完整但不完美的故事，才能让我们在历史的路上坦荡荡，而不是长戚戚。

图1　其中一块由叔父兄弟所立的墓碑

墓碑志期同治三年（1864），算是太平最早的华人居民。
资料来源：白伟权2015年8月2日摄

参考文献

Buckley, Charles Burton. 1902. *An Anecdotal History of Old Times in Singapore.* Singapore: Fraser & Neave.

C.1111 Correspondence relating to the affairs of certain native states in the Malay Peninsula, in the neighbourhood, 1874.

C.1320 Further correspondence relating to the affairs of certain native states in the Malay Peninsula, in the neighbourhood of the Straits Settlements, 1875.

C.3428 Straits settlements. Correspondence respecting the protected Malay States. (In continuation of [C.-3095] of August 1881.), 1882.

Campbell, D.G.1914. *Johore Annual Report for the Year 1914.*

Harrison, Cuthbert Woodville. 1920. *An Illustrated Guide to the Federated Malay States.* London: The Malay States Information Agency.

陈翰笙编:《华工出国史料汇编·第五辑·关于东南亚华工的私人著作》,北京:中华书局,1984年。

二、因为忠义所以卖命？被过度想象的会党历史

忠义堂前大门开，是友无情莫进来。

讲求义气，以忠义为先的精神是一般人对于过去华人会党普遍的印象，一方面，今人总是赞叹过去会党成员能够为了捍卫兄

图2　槟城义兴公司名英祠内的关帝神台

资料来源：白伟权2013年9月1日摄

弟与会党的利益而不惜牺牲生命，去与敌对会党进行械斗及火拼。另一方面，人们也会感慨当今年轻一辈会党成员的忠义之气已经荡然无存，只剩下"利"字当头，在需要帮助时，总是有众多的推托理由。这种"人心不古"的现象也让人感觉仿佛"以前的人"必然较"现在的人"保有更多的中国传统情操。

然而，华人前往南国筑梦的最大目的就是要逃离苦难的原乡，以期在移居地安身立命，因此这些可能会危及生命的行为，似乎又与他们南来谋求美好生活的初衷背道而驰。所以问题来了，究竟是什么样的原因让这些人愿意全心贯彻忠义的理念，为兄弟和所属的会党卖命？更具体地说，会党凭借着什么，让底下的弟兄们替他们出生入死？

"忠义为先"的核心价值

本地早期的会党组织又称作"公司"或"天地会"，它最初是以反清复明为目的的地下反政府组织，但到了19世纪中叶之后，它的商业色彩更加浓厚，成为垄断一方经济资源的利益集团，许多南来寻求生计的人，往往会依附于会党，一方面取得生计，一方面也寻求保护。

会党内部一般有着严密的组织系统，它除了有着阶序严明的管理阶层、暗号、诗句和秘密文字之外，内部还有一套巩固其核心价值——"忠义"的礼法体系。这套体系很大程度上以"洪门三十六誓"为基础，此一经典建构了会党以忠义为先的中心思想，并以宣誓的途径对会众的行为加以规范。会党组织也常以《三国演义》《水浒传》等经典故事及其经典人物（关

图 3 一些前身为会党组织的会馆至今仍保有关帝崇拜的传统，
而"义气"仍旧是关帝崇拜的核心价值

资料来源：白伟权 2012 年 6 月 7 日摄

图4　槟城义兴公司总部内的梁山好汉神位

资料来源：白伟权2013年9月1日摄于槟城名英祠

公、梁山众好汉等）崇拜来让会众所应该实践的思想价值更加具象化。

例如在洪门三十六誓的第一誓中便开宗明义地强调："入洪门之后，洪家兄弟以忠孝为先，不可伤碍父母。倘有不法之人敢伤碍父母者，百日内死在海中，肉体浮在海面上，骨骸则沉入海底。"第四誓强调："入洪门之后，洪家兄弟若看其他兄弟闹出事来，有官兵来捉拿，须全心全意打救兄弟出关，不得阻挡，如有不法之人不肯救兄弟出关以及阻挡者，一个月他当被雷电击毙，肉体腐烂。"

由此观之，这些誓词对于应该如何实践义，提供了明确的规范，誓词也清楚交代了未遵守誓言所将面临的诅咒。

实践忠义是理所当然的吗？

虽然在神明面前的宣誓对于早期人们会有很大的约束力，但是笔者也相信不遵守誓言而没有"百日内死在海中""被雷电击毙"的，一定也大有人在，且即使触犯任何一则誓言，也会有千百种合理化的理由。因此，忠义为先的价值体系虽然完整，但这可能也只能够达到让会众不违背，并不见得会积极地去实践那种理想状态下的忠义。

另外，我们或许也可以相反的方向来思考誓词里头那些违背忠义原则所带来的恶果，这些严酷的诅咒也正是因为誓约实践不易，或是经常容易被人违背，因此才产生出来的对应方式。由此看来，忠义价值观的实践似乎不是理所当然的，既然如此，还有什么样的关键因素让会众为会党、兄弟出生入死呢？

《槟城大暴动报告书》所揭橥的真相

这个问题恰好在1867年英殖民政府针对槟城大暴动（Penang Riots）的调查报告书中得到解答。这起暴动冲突双方是义兴—白旗会联盟以及大伯公会（建德堂）—红旗会联盟。根据口供，冲突持续了十天，且延烧至槟岛许多主要村镇，牵涉的火拼人数至少达到上千人，有近百人死亡，是槟城开埠以来最严重的会党械斗事件。虽然这起事件的起因复杂，牵涉各种利益与族群矛盾，但报告书中记载了英国警察官记录的关于会党领袖的对话，却为

图5　槟城大伯公会（建德堂）总部

资料来源：白伟权2013年8月26日摄

我们揭开了会党内部的运作之谜。

根据大伯公会领袖林明柯（音译自 Lim Beng Kwa，全书人名统一音译）的口供，敌对的义兴公司为了鼓励会众在械斗中有勇猛的表现，他们悬赏了高额的奖金，公告若在械斗中取得大伯公会成员的头颅，公司将提供12（dollar，下文同）元或20元的奖金。至于大伯公会本身，林氏否认他们设有猎头奖金。但由于大伯公会资金雄厚，殖民官员仍旧怀疑他们对于义兴首级的奖金可能更高，达到30元。

虽然林明柯否认悬赏人头，但报告书还是记载了大伯公会在应付义兴时，所公告的告示，其中前面四则表示，若会员在打斗中被敌人杀死，或因杀死敌人而被政府判处死刑，公司将偿付抚恤金180元；若被逮捕或被放逐超过一年，其家属将会获得120元的抚恤金；若失去四肢或失明，该员将获得120元的抚恤金。若被判入狱，他的家属每月也会获得5元的生活津贴。

另外，比较有趣的是第五点，它表示"若会员被逮捕并判罚款，若款额不超过100卢比（rupee），该罚款将由公司承担，若罚款金额超过100卢比，则让会员去坐牢，本会将每月偿付5元予他的家人"。这点清楚地揭示了会党本身并不是无节制地去实践他们的理想价值，而是出于资本主义的精算。

至于那些因为惰性而犯规的会众，会党也有明确的罚金制度，例如第六条指出，"若本会重要领袖、先生、理事或是地区堂主被政府逮捕，任何会员都必须实时营救；若会员忽视或拒绝提供救援，他将须缴付5元的罚款予本会"。第七条也提及任何传召迟到者，都需要缴付5元的罚金。

对于上述的金额究竟反映的是什么概念呢？我们以同一时期（1870年代）在拿律工作的苦力薪资为参照，其月入大约是7元，因此可以得知，在械斗中夺去敌人的一颗头颅，所得到的20元奖金就相当于该名苦力近三个月的收入。若是因械斗而死亡，家属所获得的180元抚恤金，则是一个苦力工作25个月的薪资了。若是每个月给其家人的5元抚恤金，其实也就表示，其家人即使不需要工作，也能固定获得一名苦力约21天的工资了。同样地，我们也可以知道，5元的罚金对一般人而言，其实已经是相当沉重的负担，因此赏罚金是加强人们自律的动机。

经由上述几点以及数字的比较可以清楚知道，为会党械斗其实也算是一种维生活动。若战斗成功，能够取得高额奖金。若械斗失败，会党也会提供相当优厚的抚恤制度。这可让人无后顾之忧地去实践他们所倡导的"忠义"理想价值。除了无后顾之忧之外，他们所立的"战功"甚至还可能成为他们在组织内部及本地社会得以垂直爬升的契机。

忠义的运作基础："面包"

上述与金钱挂钩的条文内容多是强调兄弟对会内忠义（第一至六则），以及对会内指示的服从（第七则），使得"忠义""义气"等价值观不至于沦为虚无的口号，这种"理想"与"面包"兼顾的运作方式，为忠义的价值观在现实层面中提供了较为积极进取的运作基础。这样的逻辑并非本地所独创，它与战国时期商鞅所提出的"斩一首者爵一级，欲为官者，为五十石之官；斩二首者，爵二级，欲为官者，为百石之官"做法如出一辙。

当然，笔者并不否认过去人们对于传统社会价值的坚持，而只是反思今人普遍对于过去或是历史事务赋予了过度的想象。事实上，古人也与今人相差不远，没有什么特别之处，只是所处的条件因素不同，使其展现出来的表象有所不同而已。若对这点有所体认的话，那么看待社会科学的意义就不会只是停留在聆听好听的故事，而将会更进一步地达到借古通今的成效，让社会科学成为一门实用的学科。

参考文献

Doyle, Patrick. 1879. *Tin Mining in Larut*. London: E. & F. N. Spon. The Penang Riots Commission Reports.

庄钦永：《实叻峩嘈五虎祠义士新义》，新加坡：南洋学会，1996年。

麦留芳：《百年虚拟帮会》，吉隆坡：华社研究中心，2017年。

贺喜、科大卫：《秘密社会的秘密》，香港：中华书局，2023年。

萧一山编：《近代秘密社会史料》，台北：文海出版社，1965年。

［清］王先慎撰，钟哲点校：《韩非子集解》，北京：中华书局，1998年。

三、拿律矿工一顿饭所联结出的地理关系

吃一顿饭是我们日常生活必须完成的小事，你可曾想过一百多年前拜别唐山来到南国筑梦的华人劳工，他们伙食的面貌？本章我们就来看看当时马来半岛最大的矿区——拿律，当地的矿工平常到底吃些什么？更重要的是，他们平常的一顿饭，如何潜移默化地影响其他地方的地理角色以及促成地与地之间的共生关系？

一顿饭能对其他地方造成影响听起来好像有点夸张，然而若是成千上万的人一天三餐的伙食都大致相同的话，那么这顿饭的影响力就非常大了。矿工饭碗中的食物之所以重要，原因在于锡矿业是劳力非常密集的产业，据1870年代的统计，拿律规模二十多英亩的矿场，人数可以达到300人，[2]反观以胡椒、甘蜜种植为主的农业区——柔佛，一个达50英亩的园丘（相当于28个足球场草坪的大小），所需要的劳动力只有9至10人。[3]

拿律是一百多年前全马最大且最重要的锡矿产区。在1872年初拿律人口达到饱和时，华人人口估计就有4万；[4]1879年拿律战争之后，该县也有17 000多人；[5]而同时期（1881年）整个槟城

2　Doyle, Patrick. 1879. *Tin Mining in Larut*. London: E.& F.N.Spon. Pp.7-8.

3　Jackson, C. James. 1968. *Planters and Speculators: Chinese and European Agricultural Enterprise in Malaya, 1786-1921*. Kuala Lumpur: University of Malaya Press,1968.

4　C.1111 Correspondence relating to the affairs of certain native states in the Malay Peninsula, in the neighbourhood, 1874. P.121.

5　*Singapore and Straits Directory for 1881*. Singapore: Mission Press. P.95.

对岸的威省（Province Wellesley）华人人口的总和也只有 22 000
多人。

拿律虽然人多，但约八成的人口都从事矿业，当地马来人的
稻作面积不大，无法应付需求，因此矿区华人所需的粮食大部分
都必须仰赖进口，换句话说，矿区无法自给自足的特性已构成一
个庞大的市场，成为推动本区商品经济的重要驱动力之一。

那么，究竟在当时是哪一些食物对其他地方带来影响呢？在
解答这个问题之前，我们先来看看拿律矿工们饭碗里头到底装了
些什么？

拿律矿工碗里的食物

虽然目前尚未找到专门记载本地早期庶民饮食细节的记录，
所幸我们还能从 1860 至 1870 年代拿律战争期间，一些受害者向英
国警方报失的物品中一窥当时人们的伙食内容。其中伍亚新（Ung
Ah Sin）和伍庚辰两名矿主的清单列得较为详细，在粮食方面，伍
亚新所报失的有米（约 2 400 公斤）、咸鱼（约 32 公斤）、咸猪肉
（约 42 公斤）以及咸虾（2 瓶）。伍庚辰则表示遗失了米（约 36 公
斤）、鱼（约 5 公斤）、咸鱼（4 箩）、猪（7 头）、禽畜（50 只）、虾
米（约 5 公斤）、咸虾（3 罐）以及咸鱼（约 16 公斤）。[6]

从上面的物资来看，白米、咸鱼、猪、鸡鸭、虾米、咸虾都是
矿工重要的粮食。它们之中，白米、鸡、猪和咸鱼所占的比重是最
大的，至于他们的日常如何吃？如何搭配料理？我们无从得知。但

6　CO273-5 Straits Settlements, Original Correspondence. Pp.493-495.

是霹雳副参政司史必迪上尉（Captain Speedy）于1874年底向海峡
殖民地总督提呈的拿律施政报告书当中，至少为我们提供了较明确
的解答，原来白饭配上咸鱼就是拿律一般矿工最常吃的一餐！

　　他甚至在报告中斩钉截铁地表示，当地华人所出现的一些常
见的疾病，就是因为吃太多咸鱼所致！ [7]事实上，史必迪所见的并
不是孤立个案，根据伯治（Birch，后来的霹雳参政司）同一时期

图6　渔村内晒制的咸鱼

资料来源：林爱莉2017年9月23日摄于牛拉

7　C.1320 Further correspondence relating to the affairs of certain native states in the
　　Malay Peninsula, in the neighbourhood of the Straits Settlements, 1875. Pp.78-81.

（1874年）对于双溪乌绒（今芙蓉一带）矿场的记录，也提及当地的粮食也是以白饭、咸鱼为主。[8]此外，在1874年瑞天咸（Sir Frank Swettenham）与毕麒麟等人到拿律一带安排战后社会秩序时，他们吃的主要也是白饭和咸鱼。[9]当然咸鱼之外可能也有搭配青菜、辣椒等的食材，但从上述记载可以确定的是，咸鱼与白饭是矿工日常生活中最主要的伙食。

白饭与咸鱼

白饭本来就是闽粤华人的主食，至今亦然，因此并不稀奇，比较特别的是与饭搭配的食材——咸鱼。咸鱼在记录中的量虽然不多，但却超越鸡、猪成为当时矿工的主食，原因在于咸鱼是经过脱水晒干的食材，因此32公斤的咸鱼数量是很大的，它会比7头猪更能喂饱矿工们的肚子。

此外，咸鱼由于味道较重，所以少量的咸鱼可以搭配大量的白饭，对于烈日下从事体力劳作的矿工而言，是补充肉类蛋白质、盐分，以及追求饱足感的来源。虽然咸鱼的功能十分"应景"，但是咸鱼的出现更多是出于成本的考虑，经过腌制的咸鱼在没有冷藏技术下能长久保存，且可大量进购，是成本低廉的肉类，因此获得头家、矿主们的青睐。那么，究竟矿工简单的一餐白饭、咸鱼是如何对周边地方造成影响呢？

8　Birch, James Wheeler Woodford. 1976. *The Journals of J. W. W. Birch: First British Resident to Perak, 1874-1875*. Kuala Lumpur; London: Oxford University Press. P.43.

9　Swettenham, A. Frank. 1975. *Sir Frank Swettenham's Malayan journals, 1874-1876*. Kuala Lumpur, New York: Oxford University Press. P.17.

白米需求对周边的影响

白米方面，矿区庞大的米粮需求也促成了本地区的区域分工，拿律稻米大多由居住在槟城的矿场股东所提供，有趣的是，这些矿场股东也是米较商，他们也因为矿区的利益而注资拿律，巩固米粮销路。通过这层关系，我们可以看到槟城最重要的米商家族，像林清德（林/潘兴隆之子）、陈西祥（林宁绰之妻）、林耀桩（林宁绰次子）在早期拿律庙宇都出现捐款记录。

由于槟城产米不多，因此这些米较商从威省、吉打、北霹雳的吉辇，甚至泰国、缅甸等地进口，经过碾米加工之后，才出口到拿律。[10]虽然拿律不是槟城稻米贸易的唯一市场，但它的市场比重强化了这些地区作为稻米产地的地理角色，同时也巩固了槟城作为转口贸易中心的地位。

与矿区共生的华人渔村

同样地，拿律矿工饭碗中的咸鱼也对另一个地区造成影响。虽然拿律海岸原来就有一些马来渔村，但是马来渔民的渔获无法补足以供应庞大的市场需求，因此吸引华人来此业渔，进而使沿海地带冒起许多大大小小的渔村，改变了原有的地景。

由于咸鱼是重要的消费品，因而也与鸦片、酒、当铺、赌场等经济项目并列，成为拿律地区的饷码内容，[11]这些渔村的咸鱼饷

10　Wu Xiao An. 2010. *Chinese Business in the Making of a Malay State, 1882-1941*: Kedah and Penang. Singapore: NUS Press. P.145.

11　*Straits Times Overland Journal,* 19 August 1879, P.3.

图7 马来半岛北部的稻田

资料来源：白伟权摄于2012年1月27日

码也是由拿律矿场的股东所控制，他们也是槟城的公司（会党）
领袖。

在1870年代拿律战争之前，当地岸外就已经出现的渔村有瓜
拉古楼（Kurau），它在1874年就已经有约300名渔民，[12]是本地最
大的渔村。古楼渔民和海山矿区拥有结盟的关系，1860年代战争
中逃亡槟城的义兴首领曾在此被抓，1870年代的战争中，这个渔
村也作为接济海山矿区物资的基地。[13]另一个以福建人为主的渔村

---

12 Swettenham, A. Frank. *Sir Frank Swettenham's Malayan journals, 1874-1876.* P.16.

13 C.1111 Correspondence relating to the affairs of certain native states in the Malay
   Peninsula, in the neighbourhood, 1874. P.45.

是直落鲁比亚（Teluk Rubiah），至少在1860年代就已经存在。

再有就是以潮州人为主的角头渔村，它至少在1850年代便已经存在，到了1880年代末曾有百多名渔民。拿律岸外其他在1870年代中以前便已经出现的华人渔村还有双溪亚逸马蒂（Sg. Ayer Mati）、牛拉、加隆邦（Kelumpang）、士林兴（Selinsing）、老港、小双加河（Sg. Sangga Kecil）、十八丁及大直弄等。[14]

时至今日，虽然拿律矿区已经不复存在，太平也有严重人口外流的现象，但是曾经的繁荣却也令该区岸外留下许多的渔村，它们至今有的没落消失，有的茁壮成长，有的甚至扩散到附近地区。

拿律矿区与岸外渔村的共生关系当然不是孤立的个案，环顾马来半岛西海岸的渔村，我们很容易发现这一线的华人渔村大多集中在中北马矿业曾经兴盛一时的地区，特别是雪兰莪和霹雳沿海，足见矿区庞大市场需求对渔村形成的影响力。

我们生活中的一顿饭看起来毫不起眼，但却可能潜移默化地影响着周遭或是地球上另一个角落的地理角色，并连接出地与地之间的紧密关系。咸鱼配白饭，一种我们已经淡忘的主食，在百年前却因为环境、成本与技术的考虑而在拿律矿工的餐桌上扮演了重要角色。更重要的是，这碗简单的咸鱼白饭强化了槟城作为区域贸易核心，威省、吉打等地作为稻米产区的地理角色，同时也令岸外红树林地区兴起一座座的华人渔村，形成一种区域分工的现象。

14 Birch, James Wheeler Woodford. *The Journals of J. W. W. Birch: First British Resident to Perak, 1874-1875*. Pp.245-247; Dew, A. T. 1891. "The Fishing Industry of Krian and Kurau, Perak." *Journal of the Straits Branch of the Royal Asiatic Society*. 23: 95-122.

图8　太平十八丁的渔村

资料来源：白伟权摄于2012年6月7日

　　回头想想，我们今天的一餐，又给周边的地理环境带来什么样的影响呢？

参考文献

Birch, James Wheeler Woodford. 1976. *The Journals of J. W. W. Birch: First British Resident to Perak, 1874-1875.* Kuala Lumpur; London: Oxford University Press.

C.1111 Correspondence relating to the affairs of certain native states in the Malay Peninsula, in the neighbourhood, 1874.

C.1320 Further correspondence relating to the affairs of certain native states in the Malay Peninsula, in the neighbourhood of the Straits Settlements, 1875.

CO273-5 Straits Settlements, Original Correspondence.

Dew, A. T. 1891. "The Fishing Industry of Krian and Kurau, Perak." *Journal of the Straits Branch of the Royal Asiatic Society*. 23: 95-122.

Doyle, Patrick. 1879. *Tin Mining in Larut*. London: E. & F. N. Spon, 1879.

Jackson, C. James. 1968. *Planters and Speculators: Chinese and European Agricultural Enterprise in Malaya, 1786-1921*. Kuala Lumpur: University of Malaya Press,1968.

Revenue of Perak. 1879, August 19. *Straits Times Overland Journal*, P.3.

Singapore and Straits Directory for 1881. Singapore: Mission Press.

Swettenham, A. Frank. 1975. *Sir Frank Swettenham's Malayan Journals, 1874-1876*. Kuala Lumpur, New York: Oxford University Press.

Wu Xiao An. 2010. *Chinese Business in the Making of a Malay State, 1882-1941: Kedah and Penang*. Singapore: NUS Press.

四、拿律矿工吞云吐雾间所促成的边区开发

前一章讲述了拿律矿工日常的一餐咸鱼配白饭如何因为庞大的需求而促成拿律与周边地区的区域分工，进而逐渐影响了附近地区所扮演的角色。本章所要关注的是拿律矿工饭后的一口烟——鸦片。在1870年代英国刚接管拿律时，一石的白米和咸鱼市价分别为4元2毫以及6元，但是一球（0.03石）的鸦片却要价18元，[15] 可想而知鸦片的单位价格远比粮食来得高。那么，成千上万名矿工每天吞云吐雾的习惯，又会给区域带来什么样的影响？

边区开发是否理所当然？

在19世纪中叶以前，海峡殖民地槟城、马六甲、新加坡是本区商业发达、华人聚集的国际贸易港市（图9）。对当地许多的华人而言，马来半岛内陆仍然是一片混沌未开，充满瘴疬的化外之地，若非不得已，一般人并不太有意愿前往生活。在尚未发现锡矿之前的拿律，正是属这类核心港市以外的边区。在发现锡矿之后，华人才开始进入这些边区。

虽然锡矿业在今人眼中是一项稳赚的产业，但是对当时居于贸易港市的华人头家（资本家）而言并不见得如此。因为锡矿资源本身蕴藏量以及分布有很高的不稳定性，矿场的探地、清芭

15　Doyle, Patrick. 1879. *Tin Mining in Larut.* London: E. & F. N. Spon. P.10.

图9　海峡殖民地示意图

资料来源：白伟权绘

（森林）、搭建工寮及公司厝（公司的住所）也需要大量的资金，这些构成沉重的经济负担。此外，在矿场尚未获利前，头家还需要先负担大量的劳力成本，包含矿工们的招募费用、矿场人员的工资，以及每天的伙食等。再者，即使矿地顺利开挖，锡矿的价格也经常受到市场的供需而有所波动。

由此看来，投资锡矿就像是走钢丝，获利则大富大贵，失利则掉入万丈深渊，各种记载上便有许多矿场因上述因素而倒闭、易手的案例。因此，投资像拿律这类矿业边区对当时贸易港市的头家而言，仍有着许多的风险考虑，并非必然趋之若鹜。但是，若将鸦片作为锡矿的"搭档"共同作为投资考虑的话，却能够在此过程中降低头家的投资风险，让原来不稳定的形势"华丽转身"，甚至成为包赚的产业。究竟这项商品有什么能耐？答案可能隐藏在拿律矿工的日常生活习惯当中。

鸦片与矿工的日常生活

抽鸦片虽然表面上是华人普遍的习惯，但鸦片的消费者其实有明显的阶级之分。根据19世纪新加坡英商约翰·安德逊（John Anderson）对马来亚地区的考察，经济条件较好的土生华人吸食鸦片的比例较小，大约不超过7.5%，[16] 反倒是社会经济条件较低的新客劳工才是消费的大宗！

对许多矿工而言，他们或许可以不进食，但绝不能少抽一次

16　Royal Commission on Opium. 1894. *First Report of the Royal Commission on Opium*. London: H.M. Stationery Office. P.173.

鸦片，因此苦力的日常生活少不了鸦片。在矿地工作的苦力矿工必须抵受日晒雨淋以及长时间泡水，他们在这种恶劣环境底下辛苦工作后其实没有其他的娱乐，因此抽鸦片成为矿工们最简单、快乐的享受，借一口鸦片忘却苦闷消解忧愁，也纾解一天的疲惫。更有许多人在饭前、饭后以及休息时，都需要抽上一口鸦片，正可谓饭后一口烟，快活似神仙。除了本身的鸦片瘾之外，当时的人们也以鸦片来缓解病痛，特别是痢疾、疟疾、脚气病等疾病。[17]

对于当时拿律的矿工普遍吸食鸦片的情形，英国矿业工程师戴尔（Doyle）在1870年代末到访拿律时，也忍不住记载了下来，他说到矿工白天工作，晚上借由烟枪纾解一天的疲劳。除了拿律矿区之外，帕斯科（Pasqual）对雪兰莪矿工宿舍的所见也做了记录，他见到矿工们的睡垫旁放置了几样私人物品，有茶壶、鸦片烟枪以及用作照明及点燃鸦片的灯火，从这些配置可以见到鸦片对边区矿工的重要性。[18]在拿律1874年底的税收当中，鸦片便有约18 000元，占了该年税收份额的18%，仅次于锡矿税的69%。[19]在1890年代末，拿律有约75%的矿工有吸食鸦片的习惯。

边区鸦片买卖的潜规则

虽然咸鱼、白饭和鸦片一样都是矿工日常不可或缺的物品，

---

17 Trocki, A. Carl. 1990. *Opium and Empire: Chinese Society in Colonial Singapore, 1800-1910.* Ithaca; London: Cornell University Press. Pp.302-303.

18 Pasqual, Joseph Christopher. 1895. "Chinese Tin Mining in Selangor I." *The Selangor Journal: Jotting Past and Present.* 2(4): 25-29.

19 C.1320 Further correspondence relating to the affairs of certain native states in the Malay Peninsula, in the neighbourhood of the Straits Settlements, 1875. P.77.

但所不同的是，前者大多是由头家、矿主所负担，后者则是矿工自费向矿场头家购买，因此拿律数万名矿工每天吞云吐雾的习惯，无形中成为头家获利的重要来源。按照当时的潜规则，有份投资矿场的头家，便有权垄断矿场内部的鸦片销售，在此情况下，矿工不被允许在其他地方购买矿场已经有售卖的产品。除了鸦片之外，其他日用品当然也在垄断项目之列，但仍以鸦片的销量最大，[20]获利最高。

不仅如此，当时的潜规则也允许头家以较高的市场价格向矿工贩卖鸦片，根据霹雳首任参政司伯治（J. W. W. Birch）的记载，在1875年，拿律矿工所购买到的鸦片，就比原来的价格贵了约77%。[21]换句话说，矿场头家所负担的开矿成本虽然高，但是从左手支付给矿工的工资，在右手又可以借由鸦片的销售来回收矿工们的生产所得，从而也提高了经营矿场的边际利益。这样的制度使得头家们在这些日常必需品方面提供的回酬率每年高达36%。[22]

由此可见，殖民港市的头家们注资开发马来半岛边区之后，并不只是单纯经营矿业，他们也同时扩张了商品消费市场。根据海峡殖民地年鉴，在1881年，拿律县的华人就有17 358人，[23]不仅超越了当时威省的14 000人，也直逼槟岛的22 720人，[24]而这

20 Doyle, Patrick. *Tin Mining in Larut.* P.10.

21 Birch, James Wheeler Woodford. 1976. *The Journals of J. W. W. Birch: First British Resident to Perak, 1874-1875.* Kuala Lumpur; London: Oxford University Press. P.220.

22 Doyle, Patrick. *Tin Mining in Larut.* P.9.

23 *Singapore and Straits Directory for 1881.* Singapore: Mission Press. P.95.

24 *Singapore and Straits Directory for 1881.* P.40.

已经是拿律战争后人口大量减少及外流的数字了。因此，掌控了槟城的鸦片来源，便等同于同时掌握了拿律的庞大市场。此情况大大提高了资本家的投资意愿，有许多人都竞相投资矿场以作为产品倾销的目的地。因此，可以看到槟城许多拥有厚实经济和社会势力的鸦片包税商在拿律都拥有巨大的矿业利益，例如大伯公会的邱天德家族和胜会的辜上达家族、义兴的胡维棋等人。[25] 一些经营矿业起家的拿律矿主，也投身于鸦片包税活动之列，例如海山会的郑景贵、义兴－和合社的陈亚炎等人（图10）。前述所提及的人都是马来西亚历史上著名的槟城头家、公司领袖，在拿律的庙宇、义山也经常能够见到来自他们及其家族的捐献记录。

诚如澳洲学者特罗基（Carl A.Trocki）所言，鸦片是驱动整个东南亚华人资本主义（Chinese Capitalism）与商品经济的重要商品，它的消费加速了核心港市资金向内陆边区的挹注，成为边区开发的重要推手。[26] 对矿业边区拿律而言，矿工们在吞云吐雾间，加速了槟城与拿律之间的资金运转，然而无奈的是，矿工所赚取的薪资也在换取鸦片的过程中化为推进边区开发的养分，消融在拿律的土壤之中。

---

25 Wright, Arnold., & Cartwright, H.A.(eds.). 1908. *Twentieth Century Impressions of British Malaya: Its History, People, Commerce, Industries,and Resources.* London: Lloyd's Greater Britain Publishing Company. Pp.152-161.

26 Trocki, A. Carl. 2002. "Opium and the Beginnings of Chinese Capitalism in Southeast Asia." *Journal of Southeast Asian Studies. 33:* 297-314.

**图10 郑景贵（左上）、邱天德（右上）、辜上达（左下）、
陈亚炎（右下）**

资料来源：郑景贵、陈亚炎：白伟权2015年1月28日摄于马登绥靖伯庙。邱天德、辜上达：Wright, Arnold., & Cartwright, H. A. (eds.). 1908. *Twentieth Century Impressions of British Malaya: Its History, People, Commerce, Industries, and Resources.* London: Lloyd's Greater Britain Publishing Company. Pp.155, 755。

参考资料

Birch, James Wheeler Woodford. (1976). *The Journals of J. W. W. Birch: First British Resident to Perak, 1874-1875*. Kuala Lumpur; London: Oxford University Press.

C.1320 Further correspondence relating to the affairs of certain native states in the Malay Peninsula, in the neighbourhood of the Straits Settlements, 1875.

Doyle, Patrick. 1879. *Tin Mining in Larut*. London: E. & F. N. Spon.

Pasqual, Joseph Christopher. 1895. "Chinese Tin Mining in Selangor I." *The Selangor Journal: Jotting Past and Present*. 2(4): 25-29.

Royal Commission on Opium. 1894. *First Report of the Royal Commission on Opium*. London: H.M. Stationery Office.

Singapore and Straits Directory for 1881. Singapore: Mission Press.

Trocki,A. Carl. 1990. *Opium and Empire: Chinese Society in Colonial Singapore, 1800-1910*. Ithaca; London: Cornell University Press.

Trocki, A. Carl. 2002. "Opium and the Beginnings of Chinese Capitalism in Southeast Asia." *Journal of Southeast Asian Studies*. 33: 297-314.

Wright, Arnold., & Cartwright, H. A. (eds.). 1908. *Twentieth Century Impressions of British Malaya: Its History, People, Commerce, Industries, and Resources*. London: Lloyd's Greater Britain Publishing Company.

52

五、疫情即生活：19世纪的华人、矿工、脚气病

2020年伊始，新冠疫情已经成为人们生活中的一部分，所有人的生活节奏都因为这次疫情而出现调整。病毒传染力强，亦能致死，使得这期间人心惶惶，生怕自己就是下一个被公布的确诊案例。现今医学发达，这样的不安感对于时下社会大众而言，或许是陌生且刻骨铭心的。不过，若把我们的目光放到过去，这种恐惧或许是早期华人先辈的日常生活写照。

本章我们来看看一百多年前拿律地区所发生的瘟疫，对于疫情，民间如何反应？政府又如何应对？拿律是马来半岛典型的边区华人社会，拿律的经验，或许是我们用来理解当时马来半岛疫情历史的窗口。

拿律地区的脚气病

早期拿律华工所面临的是一个十分严峻的环境，卫生、营养条件不佳，以及气候的不适应，导致疾病肆虐，连带也造成了惊人的死亡率。1874年拿律马来封地主卡伊布拉欣（Ngah Ibrahim）表示，在一般清理森林的时候，都会有10%~20%的苦力死亡，而矿区刚开发初期，死亡率甚至可以高达50%。[27] 因此，面对死亡、

27　C.1111 Correspondence relating to the affairs of certain native states in the Malay Peninsula, in the neighbourhood, 1874. P.149.

接触死亡对当时的人而言，已是家常便饭。那么，究竟是什么疾病造成当时的华工大量死亡呢？

根据记录，对拿律华工造成最大困扰之一的疾病便是脚气病（Beri-beri），翻查跟拿律有关的疫情报道，多是与脚气病有关的新闻。拿律至少在1881年、1882年、1883年及1890年都有暴发脚气病的记录。在1882年一篇对于太平英华医院的报道中，也揭橥了拿律脚气病肆虐的情形，当年医院所处理的3 068宗病例当中，便有2 501宗属脚气病，换句话说，超过80%的住院者都是脚气病患。[28]

此外，根据1895年《霹雳政府宪报》（*Perak Government Gazette*）的资料，脚气病更是霹雳几项重大疫情当中，患病人数占比最高的疾病。报告资料指出，在1894年，脚气病病例便达到3 527起，占了该年所有病例的33.5%。紧接着是疟疾，达到2 578起，占了24.1%，比脚气病少了近1 000起。

以当时已经是医疗条件较好的年代而言，全霹雳脚气病的致死率仍然有18.3%，仅次于伤寒（68%）和痢疾（38.1%），唯需注意的是，感染伤寒和痢疾的病患远低于脚气病，前者仅25宗，后者1 487宗。在该份宪报之中，政府还特地制作了独立的表格来呈现脚气病。数据指出光拿律一地，死亡率便高达18%！[29] 相较之下，截至2020年5月份，新冠病毒在大马所造成的死亡率仅为1.7%。

28　(1883, October 20). "Report on Perak for 1882." *Straits Times Weekly Issue*, P.5. Retrieved from https://eresources. nlb.gov.sg/newspapers/Digitised/Page/stweekly18831020-1.1.9.

29　*Perak Government Gazette 1895*, P.185.

除了脚气病之外，1883年的太平也曾暴发霍乱疫情，一天内就有30个人死亡。[30]虽然我们没有其他平行的数据呈现出早年拿律的所有流行病，但脚气病至少是一个当时人们熟悉，且值得我们关注的疾病。那么，脚气病是什么疾病？为何它会成为拿律华人的首要杀手呢？

脚气病是什么？

脚气病是一种缺乏维生素B1所导致的一种疾病，患病者会出现精神不振、感官功能衰退、体重下降、心律失常、全身浮肿、乏力等临床表现。一般而言，脚气病的发生与人们的饮食习惯有关，特别是在以精制米食为主食的东方国家，人们在碾米过程会除去含有维生素B1的米糠的部分，以延长保存期限和增加口感。在没有补充其他维生素的情况下，便会造成维生素缺乏症，引发脚气病。这个事实虽然看似简单，但它是直到1901年才为人所知。

一般而言，脚气病在贫苦阶级比较常见。相较于富人，贫苦阶级普遍没有能力取得其他的粮食，从其他肉类、蔬果等摄取所需的维生素。拿律之所以出现针对华人的脚气病，其原因与当地矿场管理和华工的饮食习惯有关。[31]

采矿活动是劳力高度密集的产业，许多矿场有着大量的劳工。

30　(1883, July 12). *Straits Times Weekly Issue*, P.2. Retrieved from https://eresources.nlb. gov.sg/newspapers/ Digitised/Page/straitstimes18830712-1.1.2.

31　Kenneth J. Carpente. 2000. *Beriberi, White Rice, and Vitamin B: A Disease, a Cause, and a Cure.* California: University of California Press. Pp.66-67.

在矿工们的日常饮食方面，当时霹雳副参政司史必迪、工程师戴尔等人在1870年代的考察报告都指出，白米是拿律矿工们的主食，而咸鱼则是他们最常吃的配菜。[32]

这样的饮食搭配其实有他的合理性，因为白米是华人基本的主食，咸鱼方面，则无论是在进购成本、运输成本及保存成本上，都符合矿主利益。此外，咸鱼的重口味，正好是矿工大量进食白饭，从而达到饱足感的圣品，两者绝配。但这样的食物搭配也使得矿工们的营养失衡，而集体性的劳作、食物安排，也造成大量矿工染上同样的疫病，脚气病因此而成为矿区华人的最大杀手。

除了矿区之外，脚气病还有另一个好发地点，即同样有着集体性日常运作的监狱。[33]很多地方的经验都是如此，由于监狱囚犯的饮食条件不佳，因此营养失衡时，便造成脚气病的流行。据报导，拿律1881年的脚气病疫情，就是在太平监狱暴发的。[34]由于脚气病经常是多人同时患病，而当时的医学知识也还未能解答脚气病的源头，因此为谨慎起见，多将之视为传染病。[35]

说到误解，也有人认为脚气病是马来亚高温潮湿的环境所致，

---

32 C.1320 Further correspondence relating to the affairs of certain native states in the Malay Peninsula, in the neighbourhood of the Straits Settlements, 1875. P.81.; Doyle, Patrick. 1879. *Tin Mining in Larut*. London: E. & F.N. Spon. P.10.

33 有关脚气病的好发地点、族群，请参见：David Arnold .2010. "British India and the 'Beriberi Problem' ,1798–1942." *Medical History*. 54(3), 295-314.

34 (1881, November 28). *Straits Times Overland Journal*, P.5. Retrieved from https://eresources.nlb.gov.sg/ newspapers/Digitised/Page/stoverland18811128-1.1.4.

35 (1881, November 28). *Straits Times Overland Journal*, P.5. Retrieved from https://eresources.nlb.gov.sg/ newspapers/Digitised/Page/stoverland18811128-1.1.4.

有人则认为这是水源污染引起的，这样的误解其实与当时的时代背景有关。在1854年的伦敦，曾经暴发大规模的霍乱，经调查后发现霍乱源于受粪便污染的水源，这项发现不仅解答了百年来的霍乱之谜，更促成了英国等欧洲国家对于公共卫生的重视，水源与病疫自此也成了关联词。在1882年太平所暴发的脚气病疫情，染病者甚多，政府和民间都认为此次疫情是由于水源污染所致，时任甲必丹的郑景贵便从山上引水到市区，希望市民有干净的饮用水。[36]

由此可见，脚气病无论是在发生率和致死率方面都相当高，但医学上仍未有一套有效的防治方法，那么，民间和官方使用什么方式，来去对抗疫情的呢？

民间对于疫情的反应

受限于历史材料，我们对拿律民间抗疫的细节掌握仍然有限，不过我们在有华人的聚落当中，必然能够见到中药店的踪迹，像是郑景贵的生意伙伴，著名侨领戴喜云，便是拿律著名药局杏春堂的东主，在主要的庙宇如何仙姑庙、绥靖伯庙，都能见到他的参与踪迹。戴喜云在拿律发迹后也受委任为清廷驻槟榔屿副领事。药行作为华人民间医疗系统，想必在疫症暴发期间，它们应该也扮演要角。

太平文史研究者李永球也指出，当地曾经在1913年曾暴发

---

36 (1883, March 26). "A Few Weeks with the Malays IV." *Straits Times Weekly Issue Straits Times Weekly Issue*, P.7. Retrieved from https://eresources.nlb.gov.sg/newspapers/ Digitised/Page/stweekly18830326-1.1.11.

"老鼠症"疫情，人们在疫情期间也会将捣碎的蒜头用毛巾包裹，覆盖在鼻子上，他们也会煮凉茶来解暑去疫。[37]

在疫情发生时，民间信仰同样也发挥作用，像是在太平何仙姑庙宣统元年（1909）《重修本庙碑记》中所提及的"方药应灵"，便隐约透漏了其医疗的功能。太平另一间供奉九皇大帝的百年老庙——古武庙，或许也与瘟疫有关。据庙方的记录，这间庙宇的香火是由王翼鱼由暹罗普吉矿区带入。[38]在普吉岛，该信仰的兴起也是因为当地瘟疫流行，因此矿主才举办九皇斋、绕境等仪式借以遏制疫情。[39]

此外，从普吉分香至吉隆坡安邦的九皇爷信仰，也是因为矿区瘟疫而来。

至于矿区九皇斋的风俗是否与其他营养摄取有关，太平的九皇爷是不是因为瘟疫而引进，尚需要更多的材料来加以证明。但至少可以确定的是，神明绝不会将患病者拒于门外。

当然，民间信仰的治病功能，不仅限于太平，而是早期华人社会的普遍现象，像是槟城福德正神庙上方的同庆社神农大帝殿前的题字柱子，其上便铭刻了信众温文旦因病得到神助而痊愈的答谢文："乙丑十月，从吉礁归，患胃弱病，粒食难下……中西医药罔效……因虔祷于神农圣帝神前，卜签求治，准以炉丹和玉桂

37　李桃李：《历史上瘟疫的防范措施》，《星洲日报·言路版》，2020年4月4日。

38　李永球：《九皇大帝与秘密帮会》，《九皇出巡：太平古武庙建造舡辇纪念特刊》，太平：古武庙斗姥宫，1993年。

39　李丰楙：《从圣教到道教：马华社会的节俗、信仰与文化》，台北：台湾大学出版中心，2018年，第236页。

图 11　太平供奉九皇大帝的古武庙

资料来源：白伟权摄于 2015 年 7 月 31 日

长服，不三日而饮食大进……"[40]

在中马地区加影（Kajang）的师爷宫里头，也能看到光绪二十四年（1898）留下的磨药器材。另，许多庙除了一般求签筒之外，也会设有药签筒，民众可以根据求得的签，去找签中所指示的药材。笔者甚至还在柔佛麻坡（Muar）的武吉巴西（Bukit Pasir），见到"内科""外科"这些具有专业分科的药签筒。

---

[40] 有关同庆社神明会的详细信息详见：陈耀威：《同庆社考察，槟城闽南人古老的拜神会组织》，收录于陈益源编：《2019 闽南文化国际学术研讨会论文集》，金门：金门县文化局，2019 年，第 377—398 页。

图12　麻坡武吉巴西真人宫的内科、外科药签

资料来源：白伟权摄于2013年8月19日

总体而言，民间在疫情的应对方面，除了仰赖原有的华人医疗系统之外，信仰的力量亦不容忽视；无论是否真有科学根据，至少能够安抚人们不安的心灵，效果亦相当显著。

国家对于疫情的反应

由于疫情会带来重大的人命、经济及财产的损失，因此面对疫情，政府的担忧并不亚于民间。政府对于疫情的反应与民间有很大的反差，他们更加站在规划者的角度，通过各种铺排，来与疫情进行博弈。

公卫体系的规划

由于疫情经常会发生，因此早在1874年英殖民政府取得拿律政权之后，便开始不断地发展地方公卫医疗体系。每当我们打开殖民政府的档案，像年报或宪报，都能够看见殖民政府的公卫编制，亦可见到这样的编制逐年扩大。

像是在1883年，霹雳便设有医疗部门（Medical）统管霹雳各地的医疗公卫事务。该组织由国家医生（Residency Surgeon）为首，底下设有1名药剂师（Apothecary）以及6名医疗助理（Dresser）[41]。这可算是霹雳最早的医疗体系编制了。

到了1900年，这17年间，霹雳卫生部门持续扩大，成为拥有16个部门、91名专业人员的组织，除了有国家医生和底下4名专职官员外，霹雳每个县都有所属的药剂师、医疗助理、书记、器材管理者。霹雳医疗部门还设有兽医、一般医院、监狱医院、精神病院、麻风病院、港口卫生官等的组织编制。[42]

在殖民政府的建构下，医院逐渐成为国家控制地方卫生及疫情的主要工具，至少在1879年太平发生冲突时，事件的死伤者已经送到医院去救治。[43]在1881年太平暴发脚气病疫情时，华人都被

41　*Singapore and Straits Directory for 1883.* Singapore: Singapore and Straits Printing Office. P.138.

42　*Singapore and Straits Directory for 1900.* Singapore: Fraser & Neave Ltd. P.240-241.

43　(1879, October 18). "The recent Riots in Larut." *Straits Times Overland Journal*, P.2. Retrieved from https:// eresources.nlb.gov.sg/newspapers/Digitised/Page/ stoverland18791018-1.1.2.

送往太平英华医院。[44] 政府也在1882年推行新的税制，对每一位成年男性征收一元的税收，作为医院建设用途。[45] 此后，医院成为政府控制及解决疫情的重要工具。在疫情期间，可以见到医院爆满的情况，[46] 而根据1883年的报导，太平英华医院每年共收治了约3 000名病患。[47]

市镇管理

除了医疗机构之外，我们也能够在政府所颁布的一些市政管理措施当中，看见一些防疫规划的端倪。这主要源于在英殖民政府过去的经验当中，已经清楚了解到卫生与病疫之间的关系。而欧洲人普遍认为华人不良的卫生习惯是疾病发生的根源，[48] 因此对于拿律华人市镇的管理，殖民政府不敢掉以轻心。

像是在1888年，霹雳政府便颁布了拿律市政条规（Municipal Rules Larut），其中便规定业主必须负责其房子前面五脚基和沟渠的清洁，每天需要至少清理一次。未经政府许可，不得在聚落100码（约91米）的范围之内养猪、宰杀猪牛。在聚落200码的范围

---

44 (1881, November 28). *Straits Times Overland Journal*, P.5. Retrieved from https:// eresources.nlb.gov.sg/ newspapers/Digitised/Page/stoverland18811128-1.1.4

45 (1883, March 26). "A Few Weeks with the Malays IV." *Straits Times Weekly Issue*, P.7. Retrieved from https:// eresources.nlb.gov.sg/newspapers/Digitised/Page/stweekly18830326-1.1.11.

46 (1883, July 12). *Straits Times Weekly Issue*, P.2. Retrieved from https://eresources.nlb. gov.sg/newspapers/ Digitised/Page/stweekly18830712-1.1.4.

47 (1883, October 20). "Report on Perak for 1882." *Straits Times Weekly Issue*, P.5. Retrieved from https://eresources. nlb.gov.sg/newspapers/Digitised/Page/stweekly18831020-1.1.9.

48《望葛患疫》,《槟城新报》, 第3版, 1896年3月21日。

内，不得使用粪肥。在供食用的水源区，不得污染。在清晨6点之后一直到晚上8点期间，挑夜香、粪肥者，在搬运过程中务必盖好桶盖。[49]

从这些规则可以看出，国家的力量其实已经通过公卫事务，深入民间的日常生活，改变着华人的生活习惯。值得注意的是，这个市政条规的颁布，在时间上正好紧接着1880年代初连续几年的脚气病疫情。而根据1890年的报道，拿律地区的脚气病开始缓解，官方认为这是国家加强卫生和医疗体系的成果。[50]在1891年，霹雳的出生率首次超越死亡率，[51]可谓渐入佳境。

上述所谈的，主要是殖民政府对于这片病疫好发地区的规划治理。当然，在疫情暴发期间，政府也有各种针对性的动作。

隔离：千古不变的防疫王牌

本文所谈的拿律脚气病疫情，由于该疫属集体性暴发，因此当时的人都认为它是传染病，特别紧张。1881年的拿律脚气病便是如此，太平与槟城之间紧密的社会流动关系，导致槟城也出现脚气病病例，使得槟城官方出现禁止太平居民入境的呼声。[52]

事实上在19世纪，本地各大城镇之间就经常因为某地暴发疫情，而采取入境管制措施。我们以1896年为例，在该年3月，香港暴发结核病，本地海峡殖民地政府便宣布，凡是由香港

---

49 Perak Government Gazette 1888, P.62.

50 (1890, May 20). "Perak News." *Straits Times Weekly Issue*, P.11. Retrieved from https://eresources.nlb.gov.sg/ newspapers/Digitised/Page/stweekly18900520-1.1.11.

51 Perak Government Gazette 1891, P.800.

52 (1881, November 28). *Straits Times Overland Journal*, P.5. Retrieved from https://eresources.nlb.gov.sg/newspapers/Digitised/Page/stoverland18811128-1.1.4.

进入三州府的船只，都需要禁港9天。[53]同年4月，荷属苏门答腊巨港（Pelembang）天花流行，三州府禁港十四天。[54]同一时间，新加坡和暹罗同时发生霍乱疫情，新加坡一艘从暹罗抵港的船只中，惊传有人染病，该船禁港十五天。[55]随后，新加坡殖民政府也规定暹罗船只靠港前，须由医生登船检疫，才能停泊。[56]6月，中国福州至琼州一带暴发结核病疫情，所有当地前来海峡殖民地三州府的船只，都需要禁港至少9天，待医生检疫后，才能入港。[57]同样在6月，吉打霍乱流行，槟城也禁止来自吉打的人员。[58]

从这些新闻看来，除了可以体会当时肆虐已久的疫情之外，也可见到南洋各地人流、物流往来的频密情形。当一地疫情发生时，当时政府的做法与现今无异，主要是通过隔离的措施来阻绝疫情。

面对目前的疫情再回看过去，我们会发现历史并未改变，不同的只是大家的服装不同，日历上的日期不一样而已。借由拿律19世纪的抗疫故事，可以知道疾病、疫情一直以来都是人们生活的一部分。在医疗和卫生条件相对较差的年代，面对疫情，人们同样恐惧，但也活得更加谦卑，民间也通过各种实际和精神上的途径来使自己免于疫症。

在政府方面，由于疫情会造成国家经济损失，加深治理的难

53《局外闻谈》，《槟城新报》，1896年3月12日第3版。
54《航海两志》，《槟城新报》，1896年4月23日第1版。
55《误疑禁港》，《槟城新报》，1896年4月28日第5版。
56《时疫汇报》，《槟城新报》，1896年5月5日第1版。
57《三州防疫》，《槟城新报》，1896年6月9日第3版。
58《疫防传染》，《槟城新报》，1896年6月27日第3版。

度，因此政府采取了积极主动的应对姿态。从公卫体系的规划、居住环境的管理，到阻止疫情扩散的措施，都可以见到早期的政府并不如我们想象中落后。

疫情即生活，我们今天所见到的民间传统文化、现代国家公卫的文明进步，很多时候是民间和国家两个层面对抗疫情的结果。

参考文献

(1879, October 18). "The recent Riots in Larut." *Straits Times Overland Journal*, p.2. Retrieved from https:// eresources.nlb.gov.sg/newspapers/Digitised/Page/stoverland18791018-1.1.2.

(1881, November 28). *Straits Times Overland Journal*, p.5. Retrieved from https:// eresources.nlb.gov.sg/ newspapers/Digitised/Page/stoverland18811128-1.1.4.

(1883, July 12). *Straits Times Weekly Issue*, p.2. Retrieved from https://eresources.nlb.gov.sg/newspapers/ Digitised/Page/stweekly18830712-1.1.4.

(1883, March 26). "A Few Weeks with the Malays IV." *Straits Times Weekly Issue*, p.7. Retrieved from https:// eresources.nlb.gov.sg/newspapers/Digitised/Page/stweekly18830326-1.1.11.

(1883, October 20). "Report on Perak for 1882." *Straits Times Weekly Issue*, p.5. Retrieved from https:// eresources.nlb.gov.sg/newspapers/Digitised/Page/stweekly18831020-1.1.9.

(1890, May 20). "Perak News." *Straits Times Weekly Issue*, p.11. Retrieved from https:// eresources.nlb.gov.sg/ newspapers/Digitised/Page/stweekly18900520-1.1.11.

《局外闻谈》，《槟城新报》，1896年3月12日第3版。

《望葛患疫》，《槟城新报》，1896年3月21日第3版。

《航海两志》，《槟城新报》，1896年4月23日第1版。

《误疑禁港》，《槟城新报》，1896年4月28日第5版。

《时疫汇报》，《槟城新报》，1896年5月5日第1版。

《疫防传染》，《槟城新报》，1896年6月27日第3版。

《三州防疫》，《槟城新报》，1896年6月9日第3版。

C.1111 Correspondence relating to the affairs of certain native states in the Malay Peninsula, in the neighbourhood, 1874.

C.1320 Further correspondence relating to the affairs of certain native states in the Malay Peninsula, in the neighbourhood of the Straits Settlements, 1875.

Doyle, Patrick. (1879). *Tin Mining in Larut*. London: E. & F. N. Spon.

David Arnold (2010). "British India and the 'Beriberi Problem', 1798-1942." *Medical History*. 54(3): 295-314. Kenneth J. Carpente (2000). *Beriberi, White Rice, and Vitamin B: A Disease, a Cause, and a Cure*. California:University of California Press. *Perak Government Gazette 1888*. *Perak Government Gazette 1891*. *Perak Government Gazette 1895*.

Singapore and Straits Directory for 1883. Singapore: Singapore and Straits Printing Office.

Singapore and Straits Directory for 1900. Singapore: Fraser & Neave Ltd.

Wright, Arnold., & Cartwright, H. A. (eds.). 1908. *Twentieth Century Impressions of British Malaya: Its History, People, Commerce, Industries, and Resources*. London: Lloyd's Greater Britain Publishing Company.

李丰楙：《从圣教到道教：马华社会的节俗、信仰与文化》，台北：台湾大学出版中心，2018年。

李永球：《九皇大帝与秘密帮会》，《九皇出巡：太平古武庙建造舡辇纪念特刊》，太平：古武庙斗姥宫，1993年。

李桃李：《历史上瘟疫的防范措施》，《星洲日报》(言路版)，2020年4月1日。

陈耀威：《同庆社考察，槟城闽南人古老的拜神会组织》，收录于陈益源编：《2019闽南文化国际学术研讨会论文集》，金门：金门县文化局，2019年，第377—398页。

荷兰国家档案馆：https://www.nationaalarchief.nl/。

澳洲战争纪念馆：https://www.awm.gov.au。

六、19世纪游走于中国及马来海域的双国籍华人

双国籍对于时下马来西亚人而言，似乎是比较遥远的事。殊不知在英殖民时期，作为英国属地的马来半岛，这里曾是中国人持双重国籍的天堂。无论是今天我们想象中那些剽悍神秘的天地会成员，还是一脸胡须穿着满清官服的上层人士，他们在本地法律上都可能是英国人！马来西亚历史上有名的拿律战争，部分天地会组织的华人便是利用英国国籍的身份，影响战争的走向。

海洋贸易型国家的国籍认定

在谈双重国籍之前，先来了解大英帝国概念下的国籍认定。对于16世纪便已经频繁对外扩张的英国而言，什么血统才能够当英国人，并不是他们最关注的事，"英国公民"能为国家做什么事，才是他们比较关心的。"英国公民"取决于其手上的身份证明，任何肤色人种都可以是英国臣民。

早在英国的封建领主时代，城堡领地所居住的人口复杂度高，谁是我的人，除了以自然生育、血统作为判断依据之外，只要住在我的领地，对我效忠，便是我的人，这样的观念早已经根植于统治者的心中。[59]

---

59 Song Ong Siang(1899)，"Are the Straits Chinese British Subjects?" *The Straits Chinese Magazine*. 3(10):62.

到了英国全球扩张的大航海时代，英国开拓了许多的海外属地。这些贸易型的属地日久之后就会延伸出一些身份上的问题，像是盎格鲁－撒克逊人与其他族群通婚，经历多代之后，他们是什么人？一些从敌对国家前来寻求英国保护者（像法国新教徒），[60] 他们是什么人？另外更常见的就是，久居这些英国属地的其他种族，或从其他国家来此世居多代的，他们是否能够算是英国人？

为了解决这些问题，英国相当早就已经有相关的国籍法（The British Nationality Act）和归化法（The Naturalization Act），允许符合特定资格的属地人民入籍英国。例如在1700年到1900年之间，英国历次增修的国籍法案至少便有16项，[61] 其国籍认定标准越来越开放健全，与它的海洋性格一样，相当富有进取心。

从天朝弃民到大英臣民

18世纪末至19世纪初英国来到马来半岛之后，槟城（1786年）和新加坡（1819年）相继成为英国的殖民地，它的自由精神与较低的关税吸引了许多周边地区的商贾到此定居，这些商贾当然也包含了华人。当时生活在东南亚各个港市的华人，许多是明

60　见 Foreign Protestants Naturalization Act 1708。

61　Princess Sophia's Naturalization Act 1705, Foreign Protestants Naturalization Act 1708, Naturalization Act 1711, British Nationality Act, 1730, British Nationality Act, 1772, Registration of Aliens Act 1836, Naturalization Act, 1844, Colonial Laws Validity Act 1865, Naturalization Act 1870, Naturalisation Oath Act, 1870, Naturalization Act, 1872, Turks and Caicos Islands Act 1873, Trinidad and Tobago Act 1887, British Settlements Act 1887, Foreign Jurisdiction Act, 1890, Naturalization Act, 1895.

清时期中国实施海禁以来，走私出洋的华人。由于朝廷的禁令，海外华人较难返回故土，只能避居南洋。经过世代繁衍，这些华人早已呈现在地化面貌。

有趣的是，这些天朝弃民对英政府而言，却是殖民地赖以发展的梁柱。他们以殖民港市为基地，到周边地区做生意，无形中提升了海峡殖民地的贸易地位。因此，英国政府相当重视这些"弃民"，且乐于将他们视为英国臣民。[62] 在此背景下，只要在海峡殖民地自然出生，或是宣誓归化者，便可被承认为英籍民（British Subject）。

目前，就我们历史书籍能读到的著名土生华人，几乎可说都是英籍民，包含槟城的邱天德、辜上达、胡泰兴，新加坡的陈金钟等人。而在1852年由印度大总督（Governor General of India）通过的《1852年印度归化法》（Indian Naturalisation Act 1852/ ACT No. XXX. of 1852）出台之后，所有居住在东印度公司辖下的英国属地的外籍人士都具备条件可以归化为英籍民。

我们可以见到该法令颁布不久，海峡殖民地总督便颁授一张英籍民归化证给新加坡潮籍甘蜜大王佘有进了，来年总督请丘尔其（Mr. Church）写信给佘有进（图13），表示：

... it has afforded him to enrol the name of so talented and so highly respectable a Chinese resident of Singapore amongst

---

62　彭思齐：《五口通商时期厦门英籍华民管辖权交涉(1843—1860)》，《政大史粹》第16期，2009年，第3页；Home Office(2017), Historical background information on nationality(Version1.0). London: Home Office. P.8。

图13　1852年受邀入籍英国的
潮籍甘蜜大王佘有进

资料来源：Song Ong Siang. 2016. *One Hundred years' History of the Chinese in Singapore (The Annotated Edition)*. Singapore: National Library Board. P.25.（照片经作者处理）

the naturalised British subjects in the Straits of Malacca.[63]

　　……能够将新加坡一位如此有才华且备受尊敬的华人居民的名字列入马六甲海峡的英国入籍公民中，他（按：总督）

63　Song Ong Siang. 2016. *One Hundred years' History of the Chinese in Singapore (The Annotated Edition)*. Singapore: National Library Board. P.28.

感到非常满意。

前述这些英籍民都是纵横马来半岛、荷属东印度群岛、缅甸、暹罗等地的贸易商，他们不仅做贸易，也控制了当地的地方社会。此外，由于这些华商与周边土著政权关系良好，在必要时也可以成为英国与土邦的沟通桥梁。例如在1884年英国商船Nicero在亚齐岸外搁浅，船上的26名白人船员遭亚齐土王拘禁，槟城参政司（Resident Councillor）麦士威（Sir William Maxwell）便委请长期往来亚齐进行胡椒贸易的邱天保协助斡旋，最终成功让所有船员获释。[64] 由此可见，这些华人都是英殖民政府所需要的有用人民。那么对华人而言，成为大英臣民之后，对他们有什么好处？

成为英籍民有好处吗？

华人成为英籍民之后，并不见得需要改头换面成为英国绅士。许多英籍民仍然维持固有的中国装束，唯不同的是，持有英籍民身份，宣誓效忠英国君主者，无论什么宗教、种族或肤色，均受到英国法律的保护，其权益等同于英国公民。因此对于那些经常往来各个土邦的华人而言，英国护照无疑是非常有利的谋生工具，要说它是护身符，一点也不为过。

根据吴小安的研究，在1880年代就已经有许多的英籍民在吉

64　The Late Mr. Khoo Thean Poh. *Pinang Gazette and Straits Chronicle*, 10 January 1919, P.2.

打王国活动，他们都受到英国法律的保护。英国政府经常会干预吉打的内政，以使英籍民无论是在土地转移、税金或关税减免以及法律管辖权方面，都享有最惠条件和特权。[65]此外，槟城秘密会社建德堂二哥邱天保因为参与策动1867年槟城大暴动（Penang Riots）而被当局逮捕并驱逐出境至吉打，最终也因为他曾归化英国而拥有天生的英籍民（natural-born British subject）的权利而被允许返回槟城。[66]

华人的英籍身份不仅能让他们纵横于东南亚各个土著邦国，还能使他们突破清廷的海禁。1842年清廷开放五口通商之后，昔日海禁政策之下的"叛徒"或"叛徒的后代"终于能够华丽转身，以英籍民的外国人身份在英国领事裁判权的保护伞下荣归故里。当然，取得英国籍的华人，不见得全都如一般想象中那样，都是绅士或乖乖牌，英籍民回到其原乡后，有的也引发了一些治安事件，像是走私、敲诈勒索和武装劫掠等。[67]那么有了英国籍之后，华人的中国人或唐山人身份是否会出现矛盾？

英籍民与中国政府眼中的身份与归属想象

关于英籍华人如何认定自己的身份归属，可以从他们回到原

65　Wu Xiao An. 1997. "Chinese-Malay Socio-Economic Networks in The Penang-Kedah-North Sumatra Triangle 1880-1909: A Case-Study of the Entrepreneur Lim Leng Cheak", *Journal of the Malaysian Branch of the Royal Asiatic Society.* 70(2): 44.

66　Blythe, Wilfred. 1969. *The Impact of Chinese Secret Societies in Malaya: A Historical Study.* London: Oxford University Press. Pp.147-148; Wong Yee Tuan. 2012. Uncovering the Myths of Two 19th-century Hokkien Business Personalities in the Straits Settlements, *Chinese Southern Diaspora Studies.* 5 (2011-2012): 146-156.

67　彭思齐：《五口通商时期厦门英籍华民管辖权交涉（1843—1860）》，第51页。

乡后的行为加以观察。清廷为了避免这些昔日叛徒回乡扰乱秩序，规定外国人只能在特定范围活动，但对于这些海峡殖民地华人而言，或许出自对法规的不了解，又或是出于返家的渴望，他们在厦门英国领事馆登记之后，并没有乖乖待在特定区内，而是回到故里，有的甚至定居。

此外，在马来半岛的英籍华人方面，他们在过世之后，其墓碑并未因此而有不同的变化，而是仍然使用"皇清"作为墓碑抬头，以及使用皇帝年号作为纪年方式，例如槟城建德堂二哥邱天保（图14）。有者甚至还捐购清廷的官衔，因此难以从肉眼看出他们的英籍元素，他们更像是中国人，因此他们脑海中的身份归属并不是非黑即白的。

就中国政府而言，英籍华人的装束无异于一般清国子民，同时也保有许多的中国文化传统，像是拜祖先，因此中国政府大多也会将他们视为自己的臣民而纳入管辖范围之中。但这种国籍认定方式也令中国官方感到困扰，进而也衍生出中英之间的国际纠纷事件，其中最值得关注的就是1851年的厦门小刀会起义。[68]

新加坡人陈庆真便是因为小刀会起义而被官府擒获，由于他的一身中国装扮，因此也被清廷以本国人办理，陈庆真最后被严刑拷打致死，引发了中国人对"英国人"执法过当的争议，最终还需要出动香港总督文咸（Sir Samuel George Bonham）出面交涉。从这些事件可以得知，清廷也不见得能够很好地理解民族与

68　由于这些久居海外的华人，多有天地会背景，因此也借由英国领事裁判权的保护伞回到清朝去策动起义。

图14　土生且拥有英籍华人身份的建德堂二哥邱天保墓碑

资料来源：白伟权摄于2016年7月29日

注：邱天保于1919年过世，光绪甲午年（1894）应该为夫人杜氏的卒年。

国籍的概念，但也可能打从心底就不接受华人也可以是英国人的事实。

　　由此可知，19世纪中叶的英籍华人是否有国家意识？或许是程度的问题，但可以肯定的是，他们都能够轻松处理国籍和国族的问题，无论是中国或是英国，对他们而言似乎都不是外国。

英籍华人与第一次拿律战争

　　海峡殖民地华人对于国籍这件事的运用自如，也展现于第一次拿律战争之上。

自拿律于1848年发现锡矿以来，越来越多的华人涌入希望分一杯羹，但矿区历经分食者越来越多，其社会环境已变得脆弱不堪，义兴、海山两派的矛盾最终在1861年因为矿场抢水事件爆发。

由于海山阵营与马来封地主关系密切，双方已是同一个利益集团，因而在整个过程中，霹雳马来官方立场偏向海山，甚至刁难义兴矿主。针对义兴矿主的投诉，马来官员大多采取消极性处理，像是无限等待、没收义兴所寄存的锡条、禁止义兴的锡矿出口等。

眼见马来封地主当局的偏颇，以及在霹雳的孤立无援，义兴阵营的领袖们便回到槟城，以英籍民的身份向英国申诉他们在霹雳所面临的问题。他们的申诉最终获得受理，理由在于英国东印度公司和霹雳苏丹曾经在1818年缔结贸易条约（Treaty of the Commercial Alliance between the Honourable English East India Company, and His Majesty The Rajah of Perak），该条约明确表示，霹雳统治者有义务提供及确保英国船只和商民在霹雳的最优惠待遇[69]，因此该条约成为英国出面"护侨"的法律依据。

英国知道无论是处于弱势的义兴或是强势的海山，冲突的双方其实都有英国臣民，因此很明显是想对霹雳当局施展影响力。英国表示他们不承认槟城的秘密会社，也不打算对其提供协助，但这起事件牵涉许多槟城的英籍民，因此要求霹雳苏丹维持公正。此举并未获得霹雳当局的重视，冲突仍然持续发生。

69　C.1111 Correspondence relating to the affairs of certain native states in the Malay Peninsula, in the neighbourhood, 1874. Pp.176-177.

面对局势失控，英国持续致函霹雳苏丹，表示在霹雳英国公民的生命财产受到威胁，要求霹雳苏丹采取行动。但苏丹也无法控制局面，英国最后派出三艘船舰封锁拿律岸外的河口。海山和拿律马来封地主在物资断绝、货物无法出口的情况下，终于停火，苏丹也向英国偿付了 17 447 元的赔款，该款项实际上是由亲海山的马来封地主支付。第一次拿律战争最终在英国介入之下，宣告结束。

这场冲突中，英国的介入打破了天地会及马来王国自治的传统，细致地呈现了马来王国、海峡殖民地以及英籍华人的互动过程。英国确立了对于霹雳王国的影响力，而操作英籍民身份的义兴虽然赢了面子但输了里子。他们在战后仍然继续在拿律采矿，其对手海山，以及以马来封地主为主导的社会格局并未改变，最终也埋下了第二次拿律战争爆发，义兴全面溃败的种子。

总体而言，19 世纪中叶马来亚的英籍华人或许没有现代化国籍及国家的概念，国籍身份归属是哪个国家，要对谁效忠似乎不太重要；他们更加关注的是，英籍的身份能够让他们在游走于各地经商时，获得什么样的保障。对他们而言，"我是英国人"和"我是中国人"的身份是可以并行的。对英国而言，他们何尝不知道这些英籍华人心中的想法？只是殖民政府也希望借由华人来壮大殖民地，各取所需而已。

参考文献

Blythe, Wilfred .1969. *The Impact of Chinese Secret Societies in Malaya: A Historical Study.* London: Oxford University Press. Pp.147-148.

Home Office. 2017. *Historical background Information on Nationality (Version1.0).*

London: Home Office.

Neil Khor Jin Keong .2006. "Economic Change and the Emergence of the Straits Chinese in Nineteenth Century Penang." *Journal of the Malaysian Branch of the Royal Asiatic Society*. 79 (2): 59-83.

Png Poh-seng. 1969. "The Straits Chinese in Singapore: A Case of Local Identity and Socio-Cultural Accommodation." *Journal of Southeast Asian History (Singapore Commemorative Issue 1819-1969)*. 10(1): 95-114.

Siew-Min Sai. 2019. "Dressing Up Subjecthood: Straits Chinese, the Queue, and Contested Citizenship in Colonial Singapore." *The Journal of Imperial and Commonwealth History*. 47(3): 446-473.

Song Ong Siang. 2016. *One Hundred Years' History of the Chinese in Singapore (The Annotated Edition)*. Singapore: National Library Board.

Song Ong Siang. 1899. "Are the Straits Chinese British Subjects?", *The Straits Chinese Magazine*. 3(10):61-67.

Wong Yee Tuan. 2012. "Uncovering the Myths of Two 19th-century Hokkien Business Personalities in the Straits Settlements." *Chinese Southern Diaspora Studies*. 5 (2011-2012): 146-156.

Wu Xiao An. 1997. "Chinese-Malay Socio-Economic Networks in The Penang-Kedah-North Sumatra Triangle 1880-1909: A Case-Study of the Entrepreneur Lim Leng Cheak. " *Journal of the Malaysian Branch of the Royal Asiatic Society*. 70(2): 24-48.

白伟权：《国家、产业与地方社会的形构：马来亚拿律地域华人社会的形成与变迁(1848—1911)》，台北：台湾师范大学地理学系博士论文，2016年。

彭思齐：《五口通商时期厦门英籍华民管辖权交涉(1843—1860)》，《政大史粹》第16期，2009年，第31—72页。

黄嘉谟：《英人与厦门小刀会事件》，《近代史研究所集刊》第7期，1978年，第309—354页。

第二单元

异域重生：拿律演义

七、寻找消失的拿律旧矿区[*]

锡矿为马来半岛中、北部地区和人民带来无限的机会，但在这光鲜亮丽的背后，却也充满了黑暗与血腥。19世纪马来半岛的矿区可说是华人大规模分类械斗的战场，从马六甲内陆、双溪乌戎、雪兰莪、拿律，甚至暹罗南部的普吉岛，由南而北几乎无一例外。在它们之中规模最大，死伤最惨重的，非霹雳北部的拿律莫属。

拿律是马来半岛北部最大的矿区，在当地采矿的华人分属海山和义兴两大阵营。两大阵营长久以来对矿产资源（水源和矿地）的竞争，加上马来统治阶层的政治纠纷，进而在1861年至1874年间，爆发了历时长达十余年的武装冲突（图15）。十余年，参

＊ 本文曾收录于2022年出版的《赤道线的南洋密码：台湾＠马来半岛的跨域文化田野踏查志》，经同意重新收录于本书，特此申谢。

图15　宁静的太平湖——过去为拿律战争的战场

资料来源：白伟权摄于2015年1月27日

与械斗的华人数以万计，根据1872年《海峡时报》（*Straits Times Overland Journal*）的报道，其中一场械斗在一天之内便至少有1 000人被敌对阵营斩首！[1] 曾在台湾协助李仙得在琅峤地区处理罗妹号事件的毕麒麟，也在1874年来到霹雳，成为平息拿律战争的其中一名关键人物。战后的拿律正式易名为"太平"（Taiping），以期许这片土地永远和平安宁，Taiping也是马来西亚现有极少数

---

[1]　"The Gazette says that some thousands of the Chinese have lost their lives during the riots, no less than 1 000 having been beheaded in one day by their opponents." *Straits Times Overland Journal,* 11 April 1872, P.5.

以中文为官方名称的地名。

　　海山和义兴两大公司所爆发的拿律战争，其发生的深层原因在于矿区的争夺。按一般论述，海山的势力范围即是今天的太平，而义兴的势力范围则是甘文丁。然而根据地图，太平与甘文丁两大市镇其实相距近六公里。六公里对于热带栽培业抑或是现在的交通条件而言，并不遥远，但对于面积规模小的锡矿场而言，却已经是相当远的距离了，那么两派的矿区争夺究竟所谓何事？历史中煞有其事的记载又应该如解读？对于这个问题，恐怕必须还原及厘清早期两派的矿场空间分布才行。

　　要寻找拿律的旧矿区并非易事，原因在于拿律是个老矿区，后来所见到的矿地许多可能也是拿律战争后所开发的。另外，19世纪中叶历经大规模开发的拿律，到了19世纪末逐渐没落，其锡矿生产中心的地位已被南边的近打河谷所取代。此后有许多的矿区被另做开发，矿池也被填平，使得当地原有的地景面目全非。因此，寻找拿律战争时期的矿地分布，并欲进一步得知该矿区所属的阵营，相当具有挑战性。

　　虽然如此，我们还是能够通过一些途径尽可能将1874年拿律战争结束前的矿区分布还原出来。像寻找当时所留下的文献叙述，特别留意文献所提到矿场以及华人发生冲突时的地名，并配合古地图和现今的地图来找出大致的矿区范围。在此范围中，再通过当地过去及现今的土地利用，包括矿湖的土地利用以及一些地标（例如老庙）的位置，去加以定位。这些途径都是帮助我们拼凑早年的矿场位置的有用方法。

寻找拿律旧矿区

首先，我们先开始厘清太平和甘文丁两大拿律市镇。根据历史事实，两大市镇虽然分属海山和义兴的势力范围。但是在拿律战争时期，两大市镇其实并不存在。它们是拿律战争之后英国人为了明确划分两派势力范围，而在矿池旁重新规划建立的新市镇。因此在过去，海山和义兴的采矿场范围，并不见得是今天的市镇。[2]

据载，在太平和甘文丁还未建镇时，海山和义兴的势力范围有另外的名字：海山矿区称为吉辇包（Klian Pauh）；义兴的势力范围则称为新吉辇（Klian Bahru）。在马来文当中，Klian意指矿场。吉辇包与新吉辇的地名现今已较少为人所知。

在空间上，瑞天咸（Sir Frank Swettenham）在拿律战争结束之初（1874）所绘制的地图（图16），便揭示了吉辇包和新吉辇的所在位置，它们都位于内陆沿山地区。这样的空间分布有它的道理。根据地形学的侵蚀与沉积原理，富含锡矿的砂石在山坡地被雨水冲蚀之后，便被地表径流带走，最终因为重力的缘故，较重的锡矿沙自然在搬运的过程中先行沉积，它们主要堆积在坡度骤降的谷口及山脚一带，越往下游的地区，堆积量越少。由此，沿山一带构成锡矿蕴藏区，即我们所见到的吉辇包和新吉辇。实际环境与地图相互参照，已经提供大致的矿区所在，但可惜瑞天咸的地图尺度较大，未能提供细部的空间信息。

2　当时的市镇是哥打（Kota），即今天的凤山寺一带。吉辇包和新吉辇所产的锡矿多从内陆集散于此，然后再运往马登出港。

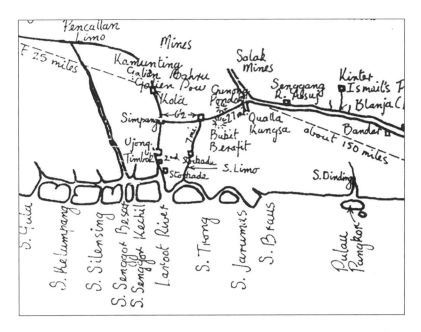

图16　1874年瑞天咸所绘制的霹雳地图，在拿律河下游往上游处依序标注了Galien Pow（吉辇包）和Galien Bahru（新吉辇），他也在旁特别标注了Mines（矿）的字眼

资料来源：Swettenham, A. Frank. 1975. *Sir Frank Swettenham's Malayan Journals, 1874-1876*. Kuala Lumpur, New York: Oxford University Press. P.3.

海山矿区吉辇包

在梳理完矿区的整体位置之后，接下来必须了解的是细部的矿区分布。那么，海山所属的Klian Pauh究竟在哪里？所幸这是一个相对容易解答的问题，虽然史料上少有材料明确指出海山矿场的位置，但是我们可以确定的是，它离太平不远，而根据旧报章的记载，拿律战争结束之后不久，海山矿区随即就被规划为公园，并于1880年启用，即今天的太平湖公园，这个公园堪称马来半岛上第一个公园（图17）。值得玩味的是，象征增城海山势力核心[3]的何仙姑庙，也位于今天太平市区接近太平湖的地方。至于当局将具有经济生产价值的矿场规划为公园的原因，笔者将另文讨论。

从地图上看，太平湖并非单一的大湖泊，而是一个湖泊群，其范围相当大，在不计算公园其他陆地面积的情况下，现有的湖泊面积总计就已有约19公顷（图18）。根据历史材料，无论是吉辇包还是新吉辇，它们都是由多家矿场组成的矿区，因此今天所见不同的湖泊很可能是不同的矿场，故由此判定太平湖区应该是海山矿区吉辇包的所在。然而必须留意的是，虽然湖泊区可以被理解为海山的矿区范围，但海山的范围可能不仅限于今天的湖泊区，

图17　19世纪末20世纪初的休闲公园——太平湖

资料来源：Wright, Arnold., & Cartwright, H. A. (eds.). 1908. *Twentieth Century Impressions of British Malaya: Its History, People, Commerce, Industries, and Resources*. London: Lloyd's Greater Britain Publishing Company. P.858.

3　海山公司以增城人为主流，海山的重要领袖也多是增城籍，而何仙姑信仰则是增城人的原乡信仰，因此研究相信该庙是海山公司的重要社会组织。

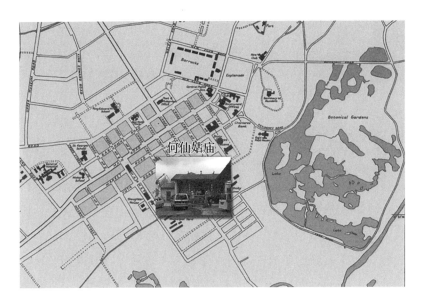

图18　太平湖与何仙姑庙

资料来源：Great Britain. Inter-service Topographical Department & Great Britain. War Office. (1944). Taiping Retrieved 21 Dec 2019, from http://nla.gov.au/nla.obj-322654221.

像是在太平湖东北部沿旧甘文丁路的地方，当地目前虽然没有湖泊，但是有一所名为Klian Pauh的国民中学。在吉辇包国中的北侧，也有一座名为甘木旁吉辇包新村（Kampung Klian Pauh Baru）的村庄。这些地名线索都揭示了旧时吉辇包的空间范围。

义兴矿区新吉辇

在得知海山矿区的位置之后，接下来就需要厘清义兴矿区的位置了。甘文丁不像太平那样，矿区因为太平公园（太平湖）的规划而被保留下来成为有利参照点。但甘文丁与太平类似的地方在于，它是拿律战争之后，为了区隔海山、义兴两大势力，而规划出来的市镇。因此可想而知，当时的新吉辇矿场位置肯定不是位于今天的甘文丁镇。虽然甘文丁也有一座粤东古庙，但是根据粤东古庙的《倡建粤东古庙》碑文，粤东古庙其实创建于1882年，这个年份已经是后拿律战争时期的事了。在删去甘文丁的可能性之后，接下来必须要推断的是新吉辇可能的相对位置。

新吉辇的可能地点理应是位于甘文丁接近太平市区的方向，如此才能构成我们见到的资源（矿地、水源）争夺。事实上，甘文丁与太平市区之间是由旧甘文丁路（Jalan Kemunting Lama）所连接，这条古老道路或许是新吉辇经吉辇包通往马登港口（锡矿由此输出槟城）的道路，因此矿区很可能出现在其周边。

为此，笔者对旧甘文丁路沿线进行访查，在该路段距离甘文丁1.8公里处、太平3.3公里处的地方，见到一间供奉大伯公的福德祠（图19），该庙建立时间不详，但重修于1899年。该庙庙名也标有当地的小地名，作"新港门"。新港门也是早期华人对于新吉辇或义兴矿区的指称。因此，福德祠的庙名提供了一个很明确的线索，即新吉辇的范围其实也包含现今甘文丁镇外围的福德祠一带。

再观察福德祠周遭范围的环境。该庙矗立在史格士山（Scott Hill，华人称"伯公岭"）东侧，在它的对面则是麦士威山（Maxwell Hill），两山之间是一块狭长的谷地，这片谷地地势异常平整。重要的是，这条锡矿区带其实往东南方向也能够延伸至吉辇包所在的太平湖区。这里现今已作为政府军事用地。而打开太平1913年调查的旧地形图（Topo Map），显示该地区在1913年以前仍是

图19　新港门的福德祠

资料来源：白伟权摄于2012年6月7日、2015年1月28日

一片矿地，可见到处处矿湖（图20）。比对1929年的霹雳岁入图（Revenue Survey Map），这片矿地其实是铁船（dredging）采矿区（图21）。可以肯定的是，铁船是殖民时期的产物，由于当时许多华人旧矿场在传统的技术条件下，已经无法继续开采，因此许多矿地都被欧洲企业购下，发展铁船采矿。因此铁船矿场的所在，为我们寻找新吉辇旧矿场的位置，提供了重要线索。

另外，根据太平文史研究专家李永球先生的《甘文丁曾经"迁镇"》一文，福德祠对面在1920年代以前曾经有过华人聚落，

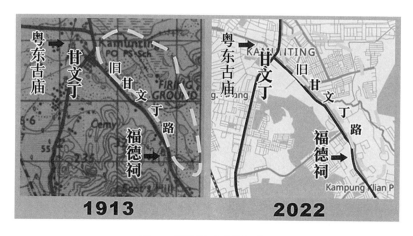

图20　福德祠对面的旧矿区

资料来源：1.旧地图：Federated Malay States. Survey Department. (1943). [Malaya 1:63,360] Retrieved 21 Dec 2019, from http://nla.gov.au/nla.obj-257422633. 2.卫星影像图：Open Street Map。

一些会馆像是惠州会馆也建立于此，但在1920年代本区被欧洲铁船收购以后，便已经迁至今天甘文丁市区粤东古庙附近了。早期的义兴公司主要是由惠州人所组成，这里是义兴矿区，应该是合理的推断。

综合上述"新港门"福德祠的位置、本区地形、与吉辇包的连接性、旧矿地分布，再配合最早由英国人所绘制的地图相对位置，我们几乎能够确认，义兴旧矿区新吉辇所在的地方即是福德祠对面那片平坦的纵谷区。那么，最后需要解决的，即是吉辇包和新吉辇两大集团矿区之间的交界处了。根据现有材料，绝大部分提到义兴海山矿区的地名多比较笼统，较为细致的空间范围仅会提及吉辇包和新吉辇，而两区内部的小地名则鲜少出现，所幸

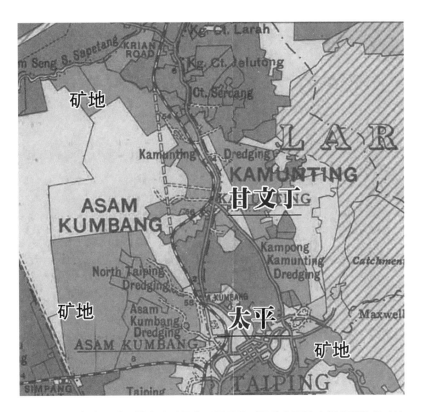

图21　1929年太平地区的土地利用分区图可见到旧甘文丁路右侧都属铁船矿地

资料来源：Federated Malay States. Surveyor General F. M. S & S. S.. (1929).
Perak 1929. [F. M. S Survey No. 244-1929]

1862年第一次冲突时，在双方矿主向槟城英殖民当局申诉的文件中，留下了关键性的线索。

两大集团的矿区界线

在殖民部档案CO273当中，记载了义兴公司伍庚辰和伍万春

（Ung Bun Chium）对于海山领袖的控诉，这件事也是拿律战争爆发的导火线。他们指责两位海山矿主杨苟（Yiong Kan）和李观贵率众从他们位于"Gu Gok"的矿场前来捣毁伍庚辰的水道。从这段叙述中，我们虽然无法了解义兴领袖矿场的所在地，但却至少知道"Gu Gok"是海山矿区，而两者前去破坏义兴水道则多少显示了这里是海山矿区和义兴矿区之间的前沿。因此，"Gu Gok"这一地名对于义兴、海山矿区交界的判定，有着重要的意义。

"Gu Gok"究竟是哪里？根据1914年马来亚铁道公司（Federated Malay States Railway）出版的马来半岛旅游手册中的太平地图，笔者在旧甘文丁路新港门福德祠对面的地区，找到有个Gugop的地名（图22），可以推知它就是资料上的"Gu Gok"。在现今的地图中，当地附近也有个Kampung Gugup（Gugup村）。按此，Gugup就位于新港门当中，且已经接近今天的甘文丁市区，因此可以确定，这里是旧矿区，也是义兴及海山矿区相互紧邻的前线地带。

总体而言，确定矿地的空间位置是了解拿律战争爆发的重要基础。通过旧矿区的定位，我们大致还原了吉辇包和新吉辇这两个海山和义兴的矿区所在。对于两派经济生产空间的理解，必须要从带状的空间概念出发，而非点状概念，意即它们都不是今天的太平和甘文丁市，而是在附近的条状地带。吉辇包由今天的太平湖开始，一直沿着麦士威山与史格士山之间的谷地往西北方向延伸，一直到Gugup一带。而新吉辇矿区则是由Gugup一带开始，一直往今天的甘文丁市区方向延伸。两者位置紧邻并且构成一条带状分布的锡矿地带（图23）。这条锡矿地带由多家分属海山和义

图 22　Gu Gop 的所在位置

资料来源：Anonymous. 1914. *Federated Malay States Railways: Pamphlet of Information for Travellers: Tours in the Malay Peninsula.*

图23　拿律旧矿区的重构结果

资料来源：白伟权绘，底图为 Open Street Map

兴的矿场所组成。按照地形学的原理，我们所见到的吉辇包和新吉辇其实是老天爷的决定。这样的分布造成海山和义兴矿区无可避免地按着这个条带状的地区发展，并出现紧邻彼此的现象，最后才衍生出 Gugup 的冲突，并开启了长达十余年的拿律战争。

物换星移，如今的拿律已是马来西亚著名的旅游城市，昔日的战场——太平湖，如今已成为人们晨练、休憩野餐、拍摄婚纱的热点，过去的腥风血雨已洗练出拿律的新名字"太平"。

参考文献

白伟权：《国家、产业与地方社会的形构：马来亚拿律地域华人社会的形成与变迁（1848—1911）》，台北：台湾师范大学地理学系博士论文，2016年。

李永球：《甘文丁曾经"迁镇"》，《星州日报》，2011年4月10日。

Errington, J. de la Croix. 1882. Les Mines d, Etain de Pèrak [Tin Mines of Perak]. Paris: Imprimerie Nationale.

Swettenham, A. Frank. 1975. *Sir Frank Swettenham's Malayan Journals, 1874-1876*. Kuala Lumpur, New York: Oxford University Press.

Wright, Arnold., & Cartwright, H. A. (eds.). 1908. *Twentieth Century Impressions of British Malaya: Its History, People, Commerce, Industries, and Resources*. London: Lloyd's Greater Britain Publishing Company.

Anonymous. 1914. *Federated Malay States Railways: Pamphlet of Information for Travellers: Tours in the Malay Peninsula*.

八、看得见的拿律女性：米字旗升起前夕的一场妇女营救行动

　　1874年1月20日下午，海峡殖民地总督克拉克（Sir Andrew Clarke）在与马来统治者和华人头家达成协议之后，便随即发出一道命令，指派端洛浦（Samuel Dunlop）、瑞天咸（Frank A. Swettenham）和毕麒麟（William A. Pickering）三人尽速乘坐柔佛号（Johore）前往拿律，与当地的史必迪上尉（Captain Speedy）一同处理拿律战争后续的维和任务。总督所给的指示非常明确，其首要任务除了解除当地武装，并恢复锡矿生产之外，就是营救当地妇女了。

　　其实在谈拿律过去的历史时，一般都只关注政治、经济和华人会党的问题，女性的课题一直不在聚光灯底下，使人无法看见。所幸，瑞天咸的工作日志（*Sir Frank Swettenham's Malayan Journals 1874–1876*）详细地记载了他们在拿律的营救过程，使我们得以借由他的文字走入前殖民时期动荡的马来半岛边区，"看见"当时拿律女性的概况。

前殖民时期的拿律妇女

　　前殖民时期的拿律是一个相当封闭且高度依赖锡矿产业的边区社会，当时的自由移民不多，绝大多数的人口都是为了开矿而被特意引进的男性移民，使得这里的性别比例极为悬殊。这个现

象多少能够从太平附近的义山反映出来，例如当地最早的增龙家山，笔者曾对该处墓碑进行抄录，在其中可辨识姓名的48个墓碑样本之中，只有一个女性墓碑（图24）（该区墓碑年代介于1860至1880年代）。而根据英国官方在1879年对于霹雳王国华人人口的统计，全霹雳约有19 114名男性华人，女性华人则只有1 259人，[4]性别比达到15：1，换句话说，大约每15名男性当中，才有1名女性，此悬殊的性别比例是目前正常情形的10倍。

在女性人数稀少、社会充斥着男性的环境里面，女性很多时候会成为一种物以稀为贵的"资产"。当时出现在拿律的女性，很大部分都是因为服务男性人口而出现，这种存在相当具有功能性。在性别单一且封闭的边区社会中，男性的性需求变得特别显著，妓院遂成为一种有利可图的行业，当中所牵涉的利益甚巨，因而成为头家与利益集团们竞相争取的特许经营生意。

实际上，当时马来亚许多公司（kongsi）的雄厚资产当中，除了靠挖矿所得的收益之外，他们更通过这些专营事业来把原先支付给底层劳工的盈余，重新从他们身上赚回来。底层劳工散尽家财后，公司也可以通过赊债关系，来加强对他们的控制。[5]学者麦留芳和黄贤强也指出，公司与这些专营事业是共生的，一些公司（会党）成员也受雇为妓院的保镖或打手，负责保护妓院利益、监

4　C.3428 Straits Settlements. Correspondence respecting the protected Malay States. (In continuation of [C.-3095]of August 1881.), 1882. P.21.

5　Trocki, A. Carl. 1993. "The Rise and Fall of the Ngee Heng Kongsi in Singapore." In Ownby and Heidhues (eds.), "Secret Societies" Reconsidered: Perspectives on the Social History of Early Modern South China and Southeast Asia. Armonk, N.Y.: M.E. Sharpe. Pp.89-120.

图24 增龙冢山的女性墓碑，墓主为南海籍的"黄氏"。
从形制上看来，黄氏似乎未婚

资料来源：白伟权2015年8月2日摄

视妓女以及惩戒一些嫖霸王妓的嫖客。[6]

拿律的娼妓产业

回看瑞天咸的工作日志，在英殖民时期之前，义兴公司便已经在拿律经营妓院。除义兴之外，海山阵营也有贩卖娼妓的记录。[7]日记所记载的女性，她们极大部分也是因为娼妓行业而被送往拿律。[8]

作为19世纪马来半岛的人口稠密区，拿律的妓院其实不少，无论是在义兴系统或是海山系统的庙碑里，都不乏疑似青楼的捐献记录。根据黄贤强对槟城娼妓史的研究，当时的妓院都喜欢用香艳或代表女性温柔的名字，拿律的妓院也能够找到这些特色，例如捐献粤东古庙记录中的义香楼、群玉楼、翠花楼、至香楼、桂香楼、丽芳楼、远香楼；捐献马登绥靖伯庙记录中的彩芳楼、得胜楼、金石楼、会胜楼、金玉楼、泗顺楼、彩悦楼、月仙楼、宴花楼、彩胜楼、胜香楼、叙花楼、锦香楼、品芳楼、赛香楼；何仙姑庙碑捐献记录中更有所谓的"青楼缘簿"，使我们明确知道那些商号的属性，如：富月楼、禄凤楼、影相楼、德顺楼、润胜堂、两顺楼、泗顺楼、满发堂、新月楼、彩悦楼、新发堂、新合意、妙香楼、得心楼、锦绣堂（图25）。

---

6 黄贤强：《槟城的娼妓与华人社会》，收录于黄贤强：《跨域史学：近代中国与南洋华人研究的新视野》，台北：龙视界，2015年，第144—173页。

7 Swettenham, A. Frank. 1975. *Sir Frank Swettenham's Malayan Journals, 1874-1876*. Kuala Lumpur, New York: Oxford University Press. P.10.

8 Swettenham, A. Frank. *Sir Frank Swettenham's Malayan Journals, 1874-1876*. Pp.49-51.

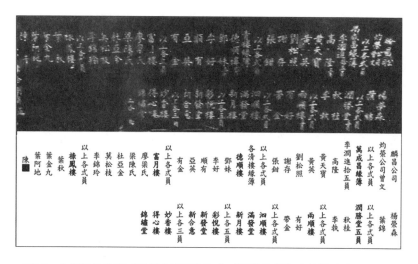

图25　太平何仙姑庙《重修本庙碑记》各"青楼缘簿"中的妓院（1909年）

资料来源：白伟权整理

这些妓院的名字基本上都出现在广东社群的庙宇捐献记录中，主要与当时广东省官吏对于女性外移人口不加限制、出洋较易有关。[9] 到了1899年太平矿业开始走向没落时，太平仍然拥有25家妓院。[10]

娼妓从何而来？

拿律拥有多家妓院，相信娼妓业相当兴盛，那么，这些妓女究竟从何而来？根据瑞天咸日记中的访谈数据，我们可以看到几种不同的历程，有的是被绑架而被迫入行，像李阿九（Li Ah Kaw），她

9　黄贤强：《槟城的娼妓与华人社会》，2015年，第147—148页。

10　Report on the Chinese Protectorate for the year 1899. P.1.

在中国就被绑架，然后被带到槟城来，槟城的中介人再把她卖到拿律的吉辇包（Klian Pauh）去当妓女。从瑞天咸日记里头，笔者也发现有几名女性前来拿律的中介人都是同一人，例如白王（Pah Ong）和李奇（Li Chi），前者还有记载当时购买女性完璧之身的价格，他以180元买进何春彤（Ho Choen Tong），以150元买进罗庚娇（Lo Kang Kiu）。后者则买入梁成金（Liong Sing Kam）及李卢桂（Li Loo Kwai）。由此看来，妓女在供应上是相当有系统的。

有的妇女则是自己卖身入行，像是先前提到的罗庚娇，她以105元卖身当妓女，后来自己一点一点地存钱赎身，但之后又来到拿律当妓女。何春彤也是，她自己卖身当妓女，后来自己赎身。也有的原来是已婚女性，但在战争期间被敌方虏获而入行，例如黄成和（Ng Cheng Ho），她与四邑籍的刘益成（Leow Ih Seng）结婚，后被马来人送入古楼的公司，之后才被一名海山成员以30元赎身。

在来源地方面，拿律绝大部分妓女其实都并非直接从中国运来，而是先在槟城落脚，有的甚至先在槟城入行，后来再来到拿律妓院。这与槟城直接从中国引进女性的经验有所不同，拿律作为槟城的腹地，加上拿律公司大多都来自槟城，因此槟城往往成为拿律物资的供应地，这些物资当然也包括市场所需的女性。

经过与黄贤强所搜集到的槟城妓院资料相互比对，拿律其实不乏与槟城一样的妓院名称，像是捐献粤东古庙记录中的群玉楼、桂香楼，分别在槟城的新街和港仔口街都有相同名称的妓院。此外，庙碑中也有一名叫作新娇的捐款者，该名字也出现在1903年槟城赈济广西饥荒的捐款名单当中，她可能是妓女或老鸨。[11]前述相同名称的妓院或许只是巧合，但若是槟城的分支，也是很合理的。

乱局中的拿律妇女

妇女是社会生产的重要劳动者，加上若其数量稀少，当没有国家法律的保护、战争发生时，妇女都会遭受不好的结果。历史上，拿律曾经发生三次较大规模的械斗，过程中胜利的一方除了会将败者的钱财取走之外，妇女也是他们的"战利品"。像在第一次拿律战争当中，义兴阵营的妇女便被海山阵营虏获，最后被卖到苏门答腊的日里（Deli）去。[12]

在第三次拿律战争当中，海山与马来统治者结盟攻击义兴阵营（四邑公司）。[13]这次攻击行动中，义兴的8 000人中约有6 000人被杀害，只有不到2 000人成功逃回槟城。

过程中有许多来不及逃走的妇女则被马来封地主卡伊布拉欣（Ngah Ibrahim）的军队虏获，这些妇女首先被送到马登（Matang）（图26）集中，接下来再被送到古楼和武吉干当，交给效忠卡伊布拉欣的马来领袖那里，例如古楼的末阿里（Mat Ali）、班达科列（Pandak Corik）和莫哈末沙曼（Mohammed Saman）。记录显示，末阿里收到妇女之后，就将她们转卖给当地其他海山成员。

---

11 黄贤强：《槟城的娼妓与华人社会》，第144—173页。

12 Swettenham, A. Frank. *Sir Frank Swettenham's Malayan Journals, 1874-1876.* P.10.

13 C.1111 Correspondence relating to the affairs of certain native states in the Malay Peninsula, in the neighbourhood, 1874. Pp.146-147.

图26　马登——拿律马来封地主的大本营

资料来源：白伟权摄于2015年1月28日

班达科列手上则有4名妇女，莫哈末沙曼则收了30名妇女。[14]
当然，这些妇女并不见得一定是遭受到不好的待遇。据瑞天咸
观察，一名在末阿里手下长8个月之久的妇女，就得到良好的
照顾。

　　但无论如何，这些在拿律动荡时局下生活的妇女，她们的生
活经历都是充满波折的。以前述的李阿娇为例，她到拿律卖身后，

---

14 Swettenham, A. Frank. *Sir Frank Swettenham's Malayan Journals, 1874-1876.*
　　Pp.16-18.

也在这里被一名五邑人赎身纳为妻妾，但后来在一次拿律战争中，她逃亡到马登的时候被义兴阵营所抓拿，她让男人离开，自己则再次被卖到吉辇包。在第三次战争时，她又被马来人房获，后来再以25元被卖到五邑公司去。另一名叫罗康娇的在拿律战争期间，被马来领袖带到古楼之后，便以70元卖给五邑人，前述的何春彤则被马来人以80元卖给五邑头家。这些女性有的被买来作为妻妾，有的则被转卖进入妓院。值得注意的是，当中有一名被贩卖的女性年仅13岁。她若是被卖到妓院，其实在当时也是十分平常的事情。根据1889年《霹雳宪报》（*Perak Government Gazette*）的记录，政府在1887年便规定5岁至16岁的女孩不得出现在妓院，该记录也提及其实妓院内有许多14至16岁的女童，由于样子看起来十分成熟，因此难以识别她们是否违规。[15]换句话说，当时的雏妓问题是相当严重的。

拿律妇女的营救行动

为了营救这些妇女，瑞天咸等人带着军队到拿律的哥打（Kota）、吉辇包（Klian Pauh）、新板（Simpang）、马登甚至远到古楼、武吉干当等地，逐个聚落去与海山领袖及马来头人交涉，请他们交出所掠夺的妇女。当然，在营救过程中还是会遇上一些小阻碍，例如一些海山领袖听闻瑞天咸等人到来的讯息之后，便漏夜将妇女匿藏至森林中，但是在随行的史必迪上尉的武力帮助下，他们表明在事情上不愿配合的海山领袖将被处以50下的鞭刑。他们也实际惩罚了一名提

---

15 Perak Government Gazette 1889. P.440.

供错误讯息的华人，将之在大街上执行10下的鞭刑，最终取得有效的警戒作用。因此整体来看，瑞天咸等人的妇女营救行动是十分顺利的，一些重获自由的妇女甚至开心得流下了眼泪（图27）。[16]

经过近一个月的努力，毕麒麟、瑞天咸、端洛浦等人成功令华人和马来统治者交出53名妇女。[17]他们也负责安顿这些妇女，

图27 在古楼进行营救行动的（左起）端洛浦、毕麒麟和史必迪，瑞天咸于1874年2月2日绘制于古楼河

资料来源：Swettenham, A. Frank. (1975). *Sir Frank Swettenham's Malayan Journals, 1874-1876*. Kuala Lumpur, New York : Oxford University Press. P.48.

---

16 Swettenham, A. Frank. *Sir Frank Swettenham's Malayan Journals, 1874-1876*. Pp.12-13, 18.

17 C.1111 Correspondence relating to the affairs of certain native states in the Malay Peninsula, in the neighbourhood, 1874. P.86.

因此对她们进行了简单的访谈。访谈数据显示，这些妇女绝大多数选择返回槟城与亲人团聚，其余有的希望回到拿律市区（哥打），也有少数妇女自愿留在目前收买她的丈夫身边。也有的妇女虽然在槟城有夫婿，但表示丈夫已经有几名太太，因此选择留在拿律。也有人看似无奈地表示已不知要往何处去，有人则表示希望到任何一个宁静的地方，令人不胜唏嘘。[18]

　　本文所提到的女性身处于一个性别比例悬殊、没有国家制度保障且形式封闭的社会，她们因为服务男性而出现，无法掌控自己的命运，这是残酷且无奈的，与现今女权主义所强调的精神价值形成强烈对比。这样微不足道的小角色至今已被淹没在历史洪流之中，只有通过瑞天咸的文字才得以让她们的生命历程被我们"看见"。为此，笔者严肃地在此将她们的名字一一列出，借此将当今世人所给予的一丝尊严与纪念献给她们。这迟来的尊严，相信也是她们当时所无法想象的：

Fong Seng Ho, Li Ah Kaw, Wong Ah Hi, Chen Ah Yow, Ng Ah Yow, Chi tong Liu, To Choi Liu, Wong Ah Peng, Li Fung Chai, Ho Sou Quai, Wong Tong Choi, Ng Cheng Ho, Chan Tong Moy, Leong Geok Lan, Ho Yeow Chai, Liong Sing Kam, Li Loo Kwai, Che Tung Kok, Lo Lang Kiu, Chung Ah Kam, Chow Ah Yeow, Li Hi Choan, Ho Ah Saw, Yong Chong Quai, Ho Choen Tong, Lam Lok Moi, Ho Ngau Yuk.

---

18 Swettenham, A. Frank. *Sir Frank Swettenham's Malayan Journals, 1874-1876*. Pp.49-51.

参考文献

C.1111 Correspondence relating to the affairs of certain native states in the Malay Peninsula, in the neighbourhood, 1874.

C.3428 Straits Settlements. Correspondence respecting the protected Malay States. (In continuation of [C.-3095] of August 1881.), 1882.

Perak Government Gazette 1889.

Report on the Chinese Protectorate for the year 1899.

Swettenham, A. Frank. 1975. *Sir Frank Swettenham's Malayan Journals, 1874-1876.* Kuala Lumpur, New York: Oxford University Press.

Trocki, A. Carl. 1993. "The Rise and Fall of the Ngee Heng Kongsi in Singapore." In Ownby and Heidhues (eds.), *"Secret Societies" Reconsidered: Perspectives on the Social History of Early Modern South China and Southeast Asia.* Armonk, N.Y.: M.E. Sharpe. Pp.89-120.

白伟权:《国家、产业与地方社会的形构：马来亚拿律地域华人社会的形成与变迁（1848—1911）》，台北：台湾师范大学地理学系博士论文，2016年。

黄贤强:《跨域史学：近代中国与南洋华人研究的新视野》，台北：龙视界，2015年。

麦留芳:《百年虚拟帮会》，吉隆坡：华社研究中心，2017年。

九、威震南邦：拿律战争与本地锡克人的扎根

锡克人传统上以军警和保安的姿态出现在马来西亚社会。他们身材魁梧轮廓深邃，包着头，留着大胡子，给人一种凶悍而不可亲近的印象，他们因而经常成为家长用来"恐吓"顽皮孩子的对象，可见锡克人在本地民间的形象相当鲜明。然而，许多人或许并不知道，锡克社群在马来（西）亚的移殖及形象塑造，其实与拿律战争息息相关。拿律战争对于马来西亚锡克社群而言意义重大，他们在叙述本身的移民史时，必然会提及这场战争。本章，我们试着跳脱华人的视野，转而以锡克人为主体，看看拿律战争如何促使锡克人在本地扎根，他们不可亲近的形象又是如何塑造的？

在马来西亚种族分类中，锡克人经常与淡米尔人共同被归类为印度人，但两者在文化风俗上其实相差甚远。在马来西亚的脉络中，锡克人也被包含淡米尔人在内的各个族群称作"孟加里"（Bengali）。他们不像绝大部分来自南印度地区的淡米尔人，锡克人的故乡其实远在印度西北部内陆的旁遮普地区，该地区已经是整个英属印度势力范围的边疆。

在空间和距离的阻隔下，他们南来的移动成本更高，以致早年马来西亚锡克族人数稀少。在19世纪中叶以前，锡克人在马来西亚基本上非常零星，严格说来并不构成社群。根据记载，早在

106

1828年，西加里曼丹的兰芳共和国便已经有锡克人的身影；[19]新加坡在1857年也有60至70名锡克放逐犯。然而前述这些都只是单一个案，并非系统性的移民。锡克人真正开始出现稳定且较具规模的移民，最终成为本地重要社群，则不得不提及拿律战争以及史必迪上尉了。

纷乱的拿律

自1860年代初开始，拿律便因为锡矿资源的争夺而不断爆发大规模的华人武装冲突，到了1860年代中叶的第二次拿律战争以后，当地华人社会的帮群组合进一步复杂化，由原本的增城和惠州两大公司的社会格局演变扩大成为四邑（新宁、新会、开平、恩平）和五邑（增城、南海、番禺、顺德、东莞）的两大联合集团。到了1872年，拿律再度爆发冲突，很快地，当地局势进一步失控，海山大败，马来封地主卡伊布拉欣（Ngah Ibrahim）已经无法控制局势，自己甚至也被迫逃离拿律流亡槟城。在历史的偶然下，当时人在槟城的史必迪上尉便受卡伊布拉欣所托，委以平定拿律的大任。究竟史必迪上尉是何许人也，为何会被委以重任？

史必迪上尉与旁遮普

史必迪上尉被委以重任与他的身世背景有关。他在印度马洛

---

19 Gurcharan Singh Kulim. 2015. Sikhs in Early History of Malaysia. 参见https://www.sikhnet.com/news/sikhs-early-history-malaysia。

乌特（Malout）出生，[20] 该地位于印度西北部的旁遮普地区，即锡克人的故乡。他后来随家人迁回英国，但成年后，他又于1854年回到旁遮普参军，不久就被擢升为少尉（Ensign），来年再被升为陆军中尉（Lieutenant）。

在旁遮普，他认识了许多锡克人，也学会了当地通行的乌尔都语（Urdu）。1858年，他被调派到同属旁遮普地区的拉合尔（Lahore，今巴基斯坦境内），直到1860年才离开军队。可以见到旁遮普其实是史必迪成长的摇篮。

之后，他到过许多地方从事军事服务，包含苏丹、埃塞俄比亚、厄立特里亚、新西兰、澳洲等地，[21] 中间累积了丰富的经验，亦升任上尉（Captain）。撰写史必迪传的历史学者古利克（Gullick）更称他为举世少见的军事、政治及语言天才。直到1871年前后，他来到马来亚，并于1872年担任槟城总警长（Superintendent of Police）。当时正值第三次拿律战争的爆发，与拿律关系密切的槟城自然无法幸免。他在槟城时也不断关注当地头家运送战争资源前往拿律的活动。史必迪上尉便是凭着他丰富的政治军事的经验，而被卡伊布拉欣相中。

20　原文为Merrot，经查证应该是今天的Malout。见Gullick, J. M. 1953. "Captain Speedy of Larut." *Journal of the Malayan Branch of the Royal Asiatic Society*. 26(3): 8.

21　Gullick, J. M. Captain Speedy of Larut. Pp.9-13.

图28 来马来亚前夕的史必迪上尉

资料来源：Swettenham. 1942. *Foot Prints in Malaya.*
London: Hutc-hinson. P.36b.

威震南邦的史必迪与锡克人

当时，由于英殖民政府并不支持出动政府军前往拿律，史必迪在总警长这个位置上也难以有所作为。在此情况下，他只好向政府请辞，领了卡伊布拉欣的经费到印度去募兵。在偌大的印度，他所选择的募兵地点正是他从前成长与从军的旁遮普地区，他从那里招募了110名锡克（Sikhs）和巴坦（Pathans）士兵，[22]并于1873年9月前往拿律去镇压。

他们的到来对卡伊布拉欣和海山阵营而言，无疑是巨大的帮助，卡伊布拉欣也随即调派了马来士兵，连同当地的海山成员，一起攻打义兴在各处的要塞。在槟城的英国海军则在当地协助下切断了拿律义兴的战略物资[23]供应。在多方围堵下，义兴节节败退，1874年1月初，海峡殖民地槟城一众以陈亚炎为首的义兴领袖也通过毕麒麟请求总督克拉克指示史必迪上尉停止攻势，他们也承诺愿意进行和谈。此举最终也促成了该月底的《邦咯条约》。[24]在此一过程中，我们可以见到史必迪及其所领导的锡克军队，在拿律乱事的平定中扮演了关键性的角色，居功不小。

22　Gullick, J. M. "Captain Speedy of Larut." P.15.

23　Gullick, J. M. "Captain Speedy of Larut." Pp.34-37.

24　C.1111 Correspondence relating to the affairs of certain native states in the Malay Peninsula, in the neighbourhood, 1874. Pp.153-154.

锡克人与警察角色的建立

《邦咯条约》签订之后，锡克人并未因此退出历史舞台，而是随着史必迪上尉以及毕麒麟、瑞天咸等人到拿律去参与战后的维和工作，协助拆除武装要塞以及营救妇女。这些任务都不见得是顺遂的，当有人拒绝配合时，他们就会协助执法，例如一名海山领袖便因为被指阻挠他们的营救工作而被史必迪勒令当街施以50下的鞭刑。[25]

拿律平定后，史必迪出任霹雳的副参政司，掌管小霹雳地区（太平一带），这些锡克人也顺理成章地被留了下来担任军警人员，协助控制地方。[26]在史必迪的主政下，光是在1874年，他所领导的拿律警察便逮捕了770个人。[27]1875年在参政司伯治被暗杀所引发的霹雳战争里，锡克人也组成北部编队（northern column），协助英军在上霹雳一带共同作战。[28]这些战绩也让他们在当时新的警察部队中成功卡位。

1877年，霹雳成立的第一支警察部队"霹雳武装警察部队"（Perak Armed Force）中，便有200名锡克警察，占了部队人数的近三成（该队当中也有华人及马来人）。[29]到了1884年，该队

25　Swettenham, A. Frank. 1975. *Sir Frank Swettenham's Malayan Journals, 1874-1876.* Kuala Lumpur, New York: Oxford University Press. Pp.12-13.

26　Gullick, J. M. "Captain Speedy of Larut." P.44.

27　C.1320 Further correspondence relating to the affairs of certain native states in the Malay Peninsula, in the neighbourhood of the Straits Settlements, 1875. P.77.

28　Gullick, J. M. "Captain Speedy of Larut." P.66.

29　Ian Anderson. 2019. Nostalgia: Sikhs and The Perak Police Force. https://www. ipohecho.com.my/v4/article/2019/01/16/nostalgia-sikhs-and-the-perak-police-force.

改组为纯锡克人的"霹雳锡克第一营"（The First Battalion Perak Sikhs），它是一支规模达到九百人的队伍。[30] 当时的警察除了维持治安之外，还负责民政事务，例如当时霹雳各县的人口统计数据都是由锡克警队所负责。[31] 或许是拿律的历史路径使然，太平在整个19世纪一直都是霹雳警察总部的所在。[32]

由上可知，锡克人无疑是当时英殖民政府开疆拓土的最好帮手，他们顿时在英属马来亚地区中变得炙手可热，第一批锡克警察也在1881年开始被引进海峡殖民地。[33] 其他地区的政府也陆续引进锡克人作为警力，像雪兰莪在1884年也引进了40名锡克警察，后来人数不断增加，到了1889年，便上升至128人。[34] 这些锡克警察也将锡克教信仰带来本地，像吉隆坡茨厂街建于1898年的老锡克庙便是其中之一（图29）。到了1931年，全马来亚已经有约24 000名的锡克男性，其中，霹雳人数最多，达7 400余人，其次是雪兰莪（近5 000人）以及新加坡（900余人）。[35] 他们成为殖民统治阶层稳定社会治安的主力之一。

---

30 Ian Anderson. https://db.ipohworld.org/view.php?type=id&id=892.

31 Perak Government Gazette 1889.P.230.

32 Wright, Arnold., & Cartwright, H. A. (eds.). 1908. *Twentieth Century Impressions of British Malaya: Its History, People, Commerce, Industries, and Resources.* London: Lloyd's Greater Britain Publishing Company. P.298.

33 Kernial Singh Sandhu. 1969. *Indians in Malaya: Some Aspects of their Immigration and Settlement (1786-1957).*Cambridge: Cambridge University Press. P.73.

34 Ranjit Singh Malhi. 2017. Early Sikhs were police, convicts and mercenary soldiers. https://www.thestar.com.my/ opinion/letters/2017/05/08/early-sikhs-were-police-convicts-and-mercenary-soldiers/.

35 Vlieland, C. A. 1932. *British Malaya: A Report on the 1931 Census and on Certain Problems of Vital Statistics.*London: Crown Agents for the Colonies. P.192.

图29 吉隆坡老城区早年由锡克警察所组织建立的锡克庙

资料来源：白伟权摄于2017年1月29日

深植民心的威武形象

除了公家的警察与军人之外，许多来到马来亚的锡克人也投入私人界，民间也开始雇用他们看守房子。这种做法在当时十分普遍，笔者在翻查历史记录时，便发现就连当时霹雳甲必丹郑景贵在太平的宅邸也雇用了孟加里看守（图30）。此外，与海山结盟的槟城邱公司家族，他们在龙山堂大庙诒谷堂的正门口，也雕塑了一对一老一少的石头孟加里看守，塑像栩栩如生（图31）。

到了20世纪初，锡克人以军警、守卫的姿态出现在英属马来亚，其族群与特定职业结合的印象已经深植民心，锡克人凶悍的外表在本地华人心目中甚至超越许多中国传统武将。因此在当时，就连坟墓的守墓翁仲也开始有人将之设计为锡克人的形象，为墓主守墓挡煞（图32）。目前在义山所发现的锡克人，主要集中在马来联邦和海峡殖民地为基底的州属，这些地区都是英国势力直接统治的地方。

图30　太平郑景贵大宅前的锡克警卫

资料来源：Wright, Arnold., & Cartwright, H. A. (eds.). 1908. *Twentieth Century Impressions of British Malaya: Its History, People, Commerce, Industries, and Resources.* London: Lloyd's Greater Britain Publishing Company. P.205.

图 31　槟城龙山堂邱公司庙门外的锡克兵石像

资料来源：白伟权摄于 2017 年 1 月 29 日

图32　新加坡咖啡山墓园上的锡克翁仲

资料来源：白伟权摄于2014年2月9日

如今，锡克人已经进入各行各业，也成为马来西亚公民。作为印度族群里面特殊的亚群，他们的事迹普遍不受到重视，然而，他们却是马来西亚历史转折中的一个重要推手。锡克人在本地扎根或许是历史的偶然，因为在拿律战争以及史必迪上尉个人经历的契机下，旁遮普人远渡重洋被招募到此。在史必迪的带领下，旁遮普人成功平定乱事，使他们得以在拿律的重建和英殖民势力的扩张中找到立足点，进而以军警角色镶嵌进本地社会中，并建立起执法者的形象。如果当时没有史必迪，没有拿律战争，又或是史必迪不是旁遮普背景的话，那么本地的族群板块又将呈现怎样的面貌呢？

参考文献

C.1111 Correspondence relating to the affairs of certain native states in the Malay Peninsula, in the neighbourhood, 1874.

C.1320 Further correspondence relating to the affairs of certain native states in the Malay Peninsula, in the neighbourhood of the Straits Settlements, 1875.

Gullick, J. M. 1953. "Captain Speedy of Larut." *Journal of the Malayan Branch of the Royal Asiatic Society.*26(3): 3-103.

Gurcharan Singh Kulim. 2015. Sikhs in Early History of Malaysia. https://www.sikhnet.com/news/sikhs-early-history-malaysia.

Ian Anderson. 2019. Nostalgia: Sikhs and the Perak Police Force. https://www.ipohecho.com.my/v4/ article/2019/01/16/nostalgia-sikhs-and-the-perak-police-force.

Kernial Singh Sandhu. 1969. *Indians in Malaya: Some Aspects of their Immigration and Settlement (1786-1957)*. Cambridge: Cambridge University Press.Perak Government Gazette 1889.

Ranjit Singh Malhi. 2017. Early Sikhs Were Police, Convicts and Mercenary Soldiers. https://www.thestar.com. my/opinion/letters/2017/05/08/early-sikhs-were-police-convicts-and-mercenary-soldiers/.

Swettenham, A. Frank. 1975. *Sir Frank Swettenham's Malayan Journals, 1874-1876.* Kuala Lumpur, New York: Oxford University Press.

Vlieland, C. A. 1932. *British Malaya: A Report on the 1931 Census and on Certain Problems of Vital Statistics.*London: Crown Agents for the Colonies.

Wright, Arnold., & Cartwright, H. A. (eds.). 1908. *Twentieth Century Impressions of British Malaya: Its History, People, Commerce, Industries, and Resources.* London: Lloyd's Greater Britain Publishing Company.

十、被遗忘的《邦咯副约》

1874年1月20日，在霹雳邦咯岛岸外一艘名为Pluto号的英国船舰上，一众马来王国统治者与英殖民官员正对霹雳的前途进行磋商，并签署条约，它就是马来（西）亚历史上著名的《邦咯条约》。《邦咯条约》的签署不仅标志着拿律战争的终结，也揭开了马来半岛全面进入英殖民时期的序幕。也因为《邦咯条约》的重要性，它往往成为历史课必读、必考的内容。然而，在整起事件中发挥作用的并不只是《邦咯条约》，该条约之外其实还有一份由华人所签署的副约，它的条文虽然不多，但所产生的效力并不亚于《邦咯条约》。然而，这份华人副约在现今的论述中不常出现，几乎被人遗忘。因此，若只单就《邦咯条约》来理解拿律终战的话，将造成历史的缺角。究竟这份被人遗忘的副约为何那么重要？它在拿律战争中又扮演了什么角色？

被遗忘的《邦咯副约》

资料上，这份条约并没有正式的标题，而只是在其抬头上写了"华人领袖所签订的条约"（Engagement entered into by the Headmen of the Chinese），附在《邦咯条约》之后，安排上像是作为《邦咯条约》的附属条约。为了方便叙述，本文姑且称之为"《邦咯副约》"（简称"副约"）。这份文件的正本目前尚未被人发现，而目前研究者所引用的资料多是来自C.1111的殖民地往来书函档案（Correspondence）中的铅字版本。由于《邦咯副约》不牵涉国家主权的重大政治议题，因此一直以来都不在历史的镁光灯底下，较少被人留意。

事实上，在《邦咯条约》签订的几个小时之前，[36]Pluto 号也接待了一群华人头家，这群华人就是拿律义兴和海山两派的领袖与矿主，包括海山公司的大哥郑景贵、义兴公司在拿律的全权代表陈亚炎（图33），以及他们集团底下的矿主：例如伍庚辰、李占魁、郭阿满（Kok Ah Man）、巫亚源（Boo Ah Yen）等，一共27人。

其实在现有的条约史料文本当中，签约华人的人数是有所争议的，文本写明签名盖章者共有26人（Twenty-Six signatures and seals），然而在上面所列的人名却有27个，这点经常造成研究者的困惑。历史学者黄存燊便认为，其中一个"Foo Chee Hoey"可能是"扶持会"或"赴席会"，并非人名，表示两大阵营的领袖出席会议。[37]但笔者在翻查同一份殖民地档案时，却在后面发现时任律政司（Attorney General）布莱德（Braddell）所撰写的报告中，指出当时出席会议的华人共有27人，[38]因此在签约的华人人数上，出现了不同的可能性，究竟是笔误、算错，还是临时多来了一个人，导致事先拟好的条约无法修改？我们不得而知。

英国政府方面则委派了三名专员参与谈判，他们是毕麒麟、

---

36 C.1111 Correspondence relating to the affairs of certain native states in the Malay Peninsula, in the neighbourhood, 1874. P.174.

37 黄存燊：《华人甲必丹》，新加坡：国家语文局，1965年，第114—115页。

38 C.1111 Correspondence relating to the affairs of certain native states in the Malay Peninsula, in the neighbourhood, 1874. P.174.

图33　拿律海山和义兴两大集团的领袖——郑景贵（左）和陈亚炎（右）

资料来源：白伟权2015年1月28日摄于马登绥靖伯庙

兰德（Randell）以及张马库斯（Chong Marcus）。毕麒麟是当时殖民政府唯一一名通晓各大华人方言（主要是福建话和福州话）及会党事务的英籍官员，他也是未来管理华人社会的华民护卫司（图34）。张马库斯则是马六甲的土生客家人，是唯一一位代表英方的华人。他的背景相当特殊，是马六甲秘密会社福明会的领袖，[39] 但长期担任海峡殖民地政府的通译员。他的出现，相信是和客家话的通译有关，他在这次会谈中担任通译的工作。至于兰德，资料上较难找到有关他的信息。

---

39 Blythe, Wilfred. 1969. *The Impact of Chinese Secret Societies in Malaya: A Historical Study*. London, Kuala Lumpur: Oxford University Press. Pp.198-199, 255.

**图34　在调解拿律两派华人事务上扮演
关键角色的毕麒麟**

资料来源：Pickering, W. A. 1898. *Pioneering in Formosa:
Recollections of Adventures among Mandarins,
Wreckers, & Head-hunting Savages*. London: Hurst &
Blackett.

《邦咯副约》的内容

相对于《邦咯条约》的十四条条文，这份副约的条文不多，
仅有五项，当中列明了海峡殖民地总督对于拿律事务的裁决：

（1）两大阵营必须解除武装以及拆除（在拿律各处的）武装栅栏（stockade）。

（2）两大阵营将可以自由地回到拿律的矿场工作。

（3）一名或多名海峡殖民地官员连同两名华人将作为专员，解决拿律矿地所有权等各种问题。该两名华人由两大阵营中选出，这些英国及两名华人专员的决定或他们之中的大多数决定，将被视为是最终定案。

（4）未来矿区内的引水安排，将依据霹雳参政司和拿律副参政司所制订的规则和指示进行，他们的决定将被视为是最终定案。

（5）此一安排得到霹雳苏丹的认可，并经由他所委派的官员来加以执行。出席此会议并认同此一安排的人也须同意交出保证金，确保上述安排的有效性。

上述五项条文可以分为两方面来解读。首先，第一项和第二项主要是针对战争的停火协议，好让拿律矿场能够很快地恢复生产。接下来则是解决拿律锡矿生产长久以来的结构性问题。若回顾过去拿律战争冲突点，往往都离不开水源和土地的纠纷，虽然过去两派的冲突最终都能得到调解，但由于生产与管理方式不变，使得同样的要素不断重复成为两派冲突的导火线，像是第三次拿律的爆发，便是起源于同样的导火线。因此《邦咯副约》将矿区内的所有生产资料收归英殖民政府手中，等同于从经济生产结构上解决了造成冲突的潜在因素。

从这些裁决可以得知，英国人在条约内容的设计上费尽了心思，若非对拿律的问题有充分研究，恐怕很难设计出这样的契约条文。虽然条约顺利签订，但在条约签署之后，英国人要如何确保华人在事后能够遵循契约精神？

条约效力的迷思

事实上，条约签订与履约之间并没有必然的关系，经验上也有不少签约之后成为"过海神仙"的案例，至今亦然。对于这些人性问题，经验老到的英国人当然深谙此理，因此条约设计者在条文中的最后一则作了巧妙的安排，它要求与会者缴付保证金，确保条约日后的有效性。至于此保证金的金额，英国当局也在副约五条条文底下的总结段落作出说明，表示所有与会者需缴交5万元叻币的保证金。换句话说，缴纳保证金这一条款成为整个《邦咯副约》的杀手锏。

究竟1874年的5万元叻币是什么样的概念？根据殖民政府的经济报告，它相当于拿律矿产丰盛时，一个月的锡矿出口总值。[40] 看到这里，我们不禁要想，当时前来签约的华人头家是否有可能会携带巨款前来邦咯缴纳保证金？答案当然是否定的。那么，他们签约完毕回返拿律之后，是否又会乖乖地拿出5万元叻币送交英国人？若不是的话，要如何避免他们"走数"？这个在《邦咯副约》里头并没有交代。所幸，在海峡殖民地总督克拉克（Sir Andrew Clarke）给金伯利伯爵（Earl of Kimberley）的信函中，为这一问题提供了解答。

---

40 C.1111 Correspondence relating to the affairs of certain native states in the Malay Peninsula, in the neighbourhood, 1874. P.83.

保证金与华人的逐利心态

　　1874年1月25日，在《邦咯条约》成功签署之后的第五天，克拉克给伦敦的殖民大臣金伯利伯爵写了一封长信，向顶头上司报告拿律战争的发生及成功化解的始末。他在第28段表示，签约的两派华人领袖，他们大多都居住在槟城，并在这个英国直接控制的属地拥有大量的房产，他们都已经将价值5万元叻币的房产进行抵押，作为遵守条约精神的保证金。[41]事实上，许多投资拿律的华人不仅在海峡殖民地拥有大量资产，他们甚至还入籍英国以获得各种制度上的好处。他们在拿律所赚取的经济利益，大部分也都在海峡殖民地享受。像郑景贵在槟城的宅邸永远都比在拿律的来得豪华（图35）。由此可见，英政府在其所控制的地区实施强制抵押令，这一做法多少发挥了正面的作用。

　　此后，拿律恢复和平，当地再没有发生大规模的华人冲突，这一结果是否完全归功于5万元保证金的威力？我们不得而知，但却可以从中反映出英国人对于华人逐利性格的理解，希望借此加强条约的约束力。

　　总体而言，这份华人所签订的《邦咯副约》对于拿律战争的终止及边区华人社会关系的调整有着重要的意义。拿律战争实质上是一场因为华人锡矿经济而引起的战争，马来政治集团间的恶斗反而是后来的事。因此在整起事件中，若只是以马来统治者的

41　C.1111 Correspondence relating to the affairs of certain native states in the Malay Peninsula, in the neighbourhood, 1874. P.72.

图35　拿律矿家郑景贵在槟城的豪华房产

资料来源：白伟权摄于2013年8月29日

《邦咯条约》来理解拿律战争，是非常吊诡的。反观这份副约所处理的，正是锡矿生产的问题，它从结构上确保了契约精神被有效地实践，使战争日后不再像先前一样，周而复始地发生。因此，它在拿律战争的停战中扮演了比《邦咯条约》更直接的角色。

参考资料

C.1111 Correspondence Relating to the Affairs of Certain Native States in the Malay Peninsula, in the Neighbourhood, 1874.

Pickering, W. A. 1898. *Pioneering in Formosa: Recollections of Adventures among*

Mandarins, Wreckers, & Head-hunting Savages. London: Hurst & Blackett.

Birch, James Wheeler Woodford. 1976. *The Journals of J. W. W. Birch: First British Resident to Perak, 1874-1875.* Kuala Lumpur; London: Oxford University Press.

Blythe, Wilfred. 1969. *The Impact of Chinese Secret Societies in Malaya: A Historical Study.* London, Kuala Lumpur: Oxford University Press.

Swettenham, A. Frank. 1975. *Sir Frank Swettenham's Malayan Journals, 1874-1876.* Kuala Lumpur, New York: Oxford University Press.

白伟权：《国家、产业与地方社会的形构：马来亚拿律地域华人社会的形成与变迁（1848—1911）》，台北：台湾师范大学地理学系博士论文，2016年。

黄存燊：《华人甲必丹》，新加坡：国家语文局，1965年。

十一、怡保大钟楼与拿督沙谷广场的超时空咒怨

如果你是怡保人或是到过怡保的人，对于矗立在怡保火车站对面的欧式白色大钟楼必定不会陌生。这座钟楼既雄伟又典雅，是过去殖民政府统治实力与威信的展现。这座钟楼名为伯治纪念钟楼（Birch Memorial Clock Tower），是为了纪念在1875年暗杀事件中牺牲的霹雳第一任参政司伯治（James Wheeler Woodford Birch）而建。或许旅客们在打卡的同时，并不知道伯治是谁，更不会留意到伯治钟楼右后方的马来小食中心拿督沙谷美食广场。殊不知，这两栋比邻的建筑，实际上有着穿越百年的咒怨。（图36）

后《邦咯条约》的挑战

这段超越时空的百年咒怨始于1874年，是霹雳马来统治者、拿律义兴及海山双方华人领袖，以及英殖民政府所签署的《邦咯条约》。这一纸条约结束了拿律矿区以至霹雳苏丹王位纷争的乱局。在英国人的斡旋下，阿都拉被承认为霹雳苏丹，唯在新的体制下，霹雳执政权将由英国所主导，意即苏丹只是政权的代表，英国官员是以苏丹之名来统治霹雳。

新的安排看似明确，但实践起来处处充满挑战。一来，这是前所未有的尝试。英国先前取得的海峡殖民地管理经验，都是由英国直接管辖。此次与马来统治者共同管理霹雳这个马来王国，

图36 怡保大钟楼与拿督沙谷广场

资料来源：白伟权摄于2017年2月8日

对于英殖民政府来说，是一项新的尝试。二来，在迫于无奈之下所签署的条约，往往在后续的实践上是两回事，毕竟成功继任苏丹之后，必须放弃苏丹传统应有的权力并非易事，而底下一众马来封地主同时也将丧失原有的征税权等传统特权，从原来的特权阶级成为殖民政府治下的公务员。另一个最直接的影响是，马来领袖蓄奴、对底下人民施行强迫劳动的权力，以及发包饷码权予华人头家的权力也将会被禁止。

由此可见，英国进入霹雳所影响到的利益集团是十分庞大的，因此要如何应对来自马来统治阶层的挑战，在霹雳建立新秩序，道阻且长。

伯治粉墨登场

在此严峻背景之下，海峡殖民地总督必须委派值得信赖，同时又有着极强办事能力，能彻底贯彻殖民政府意志的官员来处理霹雳的问题。在当时众多官员中，被万里挑一的，就是今天故事的主人翁伯治了（图37）。那么伯治又有什么条件使他能通过"海选"呢？

伯治算是相当具有经验的官员。他曾在锡兰（今斯里兰卡）服务，在当地执行水利灌溉工程方面有着亮眼的表现。1870年，他被调到海峡殖民地担任辅政司（Colonial Secretary）这一要职。他办事方式果断利落，能把政府政策执行到底，因此倍受赏识。[42]

当然，在整个殖民公务员体系当中，也不乏一些具有优秀能力的殖民地官员。必须留意的是另一个巧合，他当时刚刚丧妻，还有四个孩子，同时他在新加坡的一次饷码中失利，因此负债。对于失去妻子恢复单身这件事，历史学者认为，这对于伯治的任选相当关键，因为许多有家室的官员，在得知将被派驻边陲地区后，往往会以各种理由推搪。

当时确有一些单身且办事能力强的官员，像时为官学生的瑞天咸以及刚从台湾来马来亚的毕麒麟，但两人毕竟年纪太轻，尚

---

42 见 Burns, P.L. (ed.). 1976. *The Journals of J.W.W. Birch, First British Resident to Perak, 1874-1875*. Kuala Lumpur: Oxford University Press. P.7.

图 37　壮烈牺牲的第一任霹雳参政司——伯治

资料来源：Wright, Arnold., & Cartwright, H. A. (eds.). 1908. *Twentieth Century Impressions of British Malaya: Its History, People, Commerce, Industries, and Resources*. London: Lloyd's Greater Britain Publishing Company. P.858.

须积累经验。在此情况下，伯治成为霹雳参政司的不二人选。[43]

伯治身负重任，因为霹雳是英国势力进入马来邦国的第一块试金石，他必须创建出一套与马来官员共治的治理模式。若站在老子道家的角度，"祸兮福之所倚，福兮祸之所伏"，伯治先前的亮眼表现，也使他承接了霹雳这块烫手山芋，深入险境。

与马来统治阶层的冲突

1874年3月，伯治连同瑞天咸等一众官员从新加坡出发，前往霹雳进行始政前的安排。到了霹雳，他们沿着霹雳河一直往江沙的方向溯源，沿途也拜会了不同的马来贵族。尽管伯治提出英据时代所将会有的转型与安置，但大家对于英国的安排接受程度不一。

贵族们难以想象自己没有征税权，也无法停止行之已久的征税习惯，即使是在《邦咯条约》中受承认的苏丹阿都拉，也仍旧与一众马来贵族继续在不同地区征税。在过去，船只只要经过所管辖的河段，马来封地主都可以对其征收百分之十的税收。

即使到了1874年10月，伯治正式走马上任霹雳参政司时，王位以及苏丹权力问题尚未有效解决，《邦咯条约》形同虚设。为此，伯治在接下来的日子里，继续游走于霹雳各大河川，去游说马来领袖，试图确保条约精神得到贯彻。

在此过程中，坊间早已流传对于伯治的死亡恐吓，恐吓内容

43　见 Burns, P.L. (ed.). *The Journals of J.W.W. Birch, First British Resident to Perak, 1874-1875*. Kuala Lumpur: Oxford University Press. Pp.8-9.

甚至也传到伯治耳中。但伯治毫不畏惧，还表示"即使杀了我，还有十个我"（If one Mr. Birch is killed, ten Mr. Birch will take this place）[44]，可以见得双方关系剑拔弩张。之后，伯治以一贯的强硬作风，继续游走于各马来封地之间。

巴丝沙叻事件之谜

1875年11月1日晚上，伯治一行人来到霹雳河中下游的巴丝沙叻（Pasir Salak）。这里是马哈拉惹里拉（Maharaja Lela）的村庄，他是反对英国征税禁令的马来贵族，也是霹雳八大贵族之首。

伯治当时因为脚踝扭伤，因此委派通译去面见马哈拉惹里拉，但不得其门而入。在协商未果之后，伯治谕令随从把三张禁令张贴在村中。这时，巴丝沙叻对岸甘榜牙也（Kampung Gajah）的马来领袖拿督沙谷（Dato Sagor）领着约50名全副武装的侍从，前来质询伯治。伯治解释了发布禁令的原因，以及未来对于霹雳的治理模式，但毫无结果。

随后，伯治就去洗澡。接下来，就是马来西亚历史课本中的著名情节"巴丝沙叻事件"了。中学时总会好奇，伯治这么"大咖"的官员，为何会在洗澡时没有防备，没有人保护？在如此开阔的河里洗澡，难道不会发现有人接近自己吗？

对此疑问，笔者在学者本恩（P. L. Burns）编辑的《伯治日记》（*The Journals of J.W.W. Birch*）导论中，得到了解答。伯治并

---

44 见 Burns, P.L. (ed.). *The Journals of J.W.W. Birch, First British Resident to Perak, 1874-1875*. Kuala Lumpur: Oxford University Press. P.36.

未在河里洗澡，而是在河边以棕榈叶搭建的澡房里洗澡。澡房外面有哨兵驻守，因此伯治可以很专心地洗澡。

趁着伯治洗澡时，马来人便对其发动突袭，以长矛刺进棕榈叶澡房，伯治当场毙命。由于事发突然，澡房外的哨兵也跳入河中逃生，其余的马来人也开始对伯治其他同行者发动攻击，伯治一行人死伤惨重。这位霹雳首位参政司上任短短一年，便被暗杀了。他身亡当天是11月2日，正好是开斋节。

伯治最终安葬在班达峇鲁（Bandar Bahru，按：Bandar在马来语中为"城镇"的意思，Bahru/Baru则为"新"），即他打算建立霹雳新首府的地方（约位于现今安顺老城区北部九公里处）。值得一提的是，原本与伯治同行的瑞天咸，在10月28日便与伯治分道扬镳，继续溯河而上，前往江沙附近的沙容（Sayong），而躲过一劫。

英国发兵镇压

伯治的死亡让海峡殖民地总督的霹雳政策受到很大的挫折，也触发了英国正式对霹雳出兵，采取武力镇压。战争在1876年结束，直接参与暗杀行动的马哈拉惹里拉、拿督沙谷和班达因督（Pandak Indut）被判处绞刑。行刑时，马哈拉惹里拉还大喊"敢做敢死"（Berani buat berani mati），确实称得上英雄。

为了安抚与稳定马来社会，其他层级更高的马来统治阶层，如苏丹阿都拉（图38）、拿律封地主卡伊布拉欣、海军将领（Laksamana）、港口总督（Shahbandar）并未被判刑，而是流放至非洲的海岛塞舌尔，苏丹大位则由拉惹尤索夫（Raja Yusuf）担

图38　苏丹阿都拉及一众马来贵族和随从

苏丹（中间坐者）后方站立者中，左一头戴横布帽者是马哈拉惹里拉，
右一持刀者是拿督沙谷。

资料来源：Cheah Boon Kheng. 1998. "Malay Politics and the Murder of J. W.W. Birch, British Resident in Perak, In 1875: The Humiliation and Revenge of the Maharaja Lela." *Journal of the Malaysian Branch of the Royal Asiatic Society.* 71(1): 76.

任。英国最终得以控制霹雳，海峡殖民地总督委任休罗（Hugh Low）接任霹雳参政司。

伯治纪念钟楼

霹雳战争后，当地正式进入英据时代。对英国人而言，伯治无疑是大英帝国对外扩张过程中，为国牺牲的烈士，他的死重于泰山。

　　在伯治牺牲约三十年后，为了纪念他为霹雳带来法治与和平安定，霹雳一些官员以及商人于1906年开始，提议建立钟楼以纪念伯治，并开始组织特别委员会对外募资、征集设计稿。这个委员会的阵容包含怡保和太平的医官康诺利（R. M. Connolly）、著名实业家贝克（Charles Alma Baker）、学者艾德葛（Peter Galstann Edgar）、矿家努特（H. F. Nutter）、华人矿家胡子春等人。胡子春是该委员会的主席。[45]

　　1909年，伯治逝世后的第三十四个年头，委员会在旧街场山岗上的政府部门区建立了纪念伯治的钟楼，并在年底举办了盛大的开幕仪式。钟楼由新加坡的欧洲建筑事务所所设计，耗资25 000英镑，采用文艺复兴式的建筑风格，高约24米（约72尺），[46]俯瞰着整个怡保市区。

　　钟楼四面瓷砖画上44位人物壁画，包含了东西方各地著名哲学家、专业人士、文学家、英雄人物，像释迦牟尼佛、孔子、老子、穆罕默德、摩西、亚历山大大帝、牛顿、莎士比亚等。钟楼最高四个角落则有四尊分别代表正义、忠诚、耐心、刚毅的人物塑像。[47]此外，钟楼正前方也设置了伯治的半身青铜像。

　　钟楼气宇非凡，标志着大英帝国国力的鼎盛，也标志着英国在三十年间已经完全控制霹雳。

---

45 Birch Memorial Fund. *Pinang gazette and Straits chronicle*, 20 April 1906, P.5.

46 "The Birch Memorial: Design of Singapore Architects Accepted." *Straits Budget*, 18 April 1907, P.11; "Ipoh En Fete: Opening Birch Memorial." *The Singapore Free Press and Mercantile Advertiser (Weekly),* 9 December 1909, P.14.

47 "Ipoh En Fete: Opening Birch Memorial." *The Singapore Free Press and Mercantile Advertiser (Weekly)*, 9 December 1909, P.14.

图39 伯治纪念钟楼上方的塑像

资料来源：白伟权摄于2017年2月8日

有趣的是，当时的霹雳参政司是小伯治（Ernest Woodford Birch）。他继承父业，担任第八任参政司（1904—1910）。开幕当日，主宾是海峡殖民地总督兼马来联邦最高专员安德森（John Anderson）、霹雳苏丹依德里斯（Sultan Idris），一众马来领袖也是座上嘉宾。苏丹依德里斯更是钟楼的主要赞助人。[48]

此举一方面展现了英籍参政司与马来统治者共治的成果，另

---

48 Birch Memorial Fund. *Pinang gazette and Straits chronicle*, 20 April 1906, P.5; The Birch Memorial. *The Straits Times,* 3 December 1909, P.6.

一方面也昭示着马来统治阶层与英帝国的主从关系、对伯治地位的承认以及忏悔。

1900年代的怡保仍处于持续发展的阶段，是马来联邦中最具活力的城市之一。此后的数年间，怡保市区陆续可以见到以英殖民官员所命名的街道、建筑物。

举凡在霹雳或怡保担任过公职的，很多都能够在怡保找到其名字命名的街道、建筑物，像安德森的Anderson Road、第四任参政司休罗的Hugh Low Street、第六任参政司迪理彻（William Hood Treacher）的Treacher Street、第九任参政司贝路菲（Henry Conway Belfield）的Belfield Street、第十一任参政司休谟（William James Parke Hume）的Hume Street、近打县官波士达（Edward John Brewster）的Brewster Road、康诺利的Connolly Road，以及以小伯治命名的桥梁和喷泉等等。[49]

殖民政府就以这种方式，即通过纪念物的建设，展示英殖民政府的力量。

去殖民化运动下的地景再造

二战之后，全球各地开始了一波波的去殖民化运动，马来亚也一样。大英帝国虽然以战胜国的姿态重返马来亚，但面对汹涌的独立运动浪潮，英国始终只能是"疲惫的沙滩"。作为马来王国之中被英国殖民的先行者霹雳，在马来亚的去殖民化工作上，也

---

49 见 Surveyor-General, Federated Malay States (F.M.S.) and Straits Settlements (S.S.). 1930. Town of Ipoh, Perak, Fede-rated Malay States,1930.

有着"亮眼的表现"。

1956年，开始有马来穆斯林群体，即泛马回教协会（All-Malaya Muslim Missionary Society）霹雳支会提出抗议，认为大钟楼正面的穆罕默德画像严重侮辱伊斯兰教，要求当局将画像去除。[50]

1957年，马来亚正式独立，马来人终于重回自己当家作主的时代。隔年3月，联盟巴西布爹（Pasir Puteh）议员莫哈末尤索夫（Mohmed Yusoff HajiAhmad）在市议会建议，将伯治半身青铜像移除，同时也附和穆斯林群体的建议，刮除大钟楼上的穆罕默德像。[51]

到了7月，霹雳工务局派员在两个小时内将画像刮除。[52]至于伯治半身铜像，虽然迎来一些反对声浪，但最终还是在州政府的同意[53]下被移除。伯治钟楼的穆罕默德像和伯治铜像的移除只是个开端，其他去殖民行动陆续开始。

在新时代里，最显著的去殖民行为是街路名的更换。昔日官职越大、被认为贡献越多的人物路名，被替换的顺位就越高，而被用来取而代之的，主要是能够彰显马来民族主义的马来君王及英雄人物。像总督 Anderson Road 被更名为 Jalan Raja Musa Aziz，参政司 Belfield Street 改为 Jalan Sultan Yusuf，Hugh Low Street 改

---

50 "Trouble over a Clock Tower." *The Straits Times*, 4 March 1956, P.6.

51 "Bid to Get Rid Of Briton's Bust." *The Straits Times*, 29 March 1958, P.7; "Bust of Birch to Be Pulled Down." *The Straits Times,* 30 August 1958, P.8.

52 "Workman Obliterates Painting of Prophet." *The Straits Times*, 17 July 1958, P.6.

53 《吡叻州政府同意拆除怡市钟楼上墨治铜像此项建议原出自一巫籍市议员市议会表示不便提意见》《南洋商报》1958年9月4日，第13版。

为 Jalan Sultan Iskandar，Treacher Street 改为 Jalan Bijih Timah，Hume Street 改为 Jalan Masjid，县官 Brewster Road 改为 Jalan Sultan Idris Shah，医官 Connolly Road 改为 Jalan Tun Perak。

值得注意的是，会以殖民政府高官命名的街路，往往都是怡保市区中的黄金地段或重要干道，因此改名之后，市民也会十分有感。此外，伯治钟楼对面的政府部门用地上的政府大厦和华民护卫司署，则是在 1960 年代中被拆除的，原地建立以苏丹伊德利斯沙二世（Sultan Idris Shah Ⅱ）为名的州回教堂。

怡保从一个具有浓厚殖民风情的城市，"华丽转身"成为马来风味浓厚的市镇。

伯治，你还好吗？

至于用以纪念被刺杀首任参政司的伯治纪念钟楼，虽然在去殖民浪潮下"断尾求生"（穆罕默德像被刮除、伯治铜像被移除）式地被保留下来，有关当局却仍是以一种十分具有创意的方式来"招呼"这位首任参政司。

首先，钟楼前后的火车头路（Station Road）和邮政局路（Post Office Road）——前者因为直通火车站，后者因为开过邮政局而得名，并非纪念殖民人物，属较为中性的街路名。然而，或许是拜"伯治"所赐，两条道路躺着中枪，前者改为拿督马哈拉惹里拉路（Jalan Dato Maharaja Lela），后者改为拿督沙谷路（Jalan Dato Sagor），以纪念两位刺杀伯治的马来民族英雄（图 40）。大钟楼所在的广场，也被改名为拿督沙谷广场（Dataran Dato Sagor）。

从空间上来看，这些地标关系微妙，拿督沙谷和拿督马哈拉

图40 怡保市区的拿督沙谷路

资料来源：白伟权摄于2017年2月8日

惹里拉两条路前后包抄，而拿督沙谷广场则包围着伯治纪念钟楼，不断重演着百年前伯治被两人暗杀的戏码，犹如穿越时空的咒怨（图41）。

无独有偶，在太平市区和吉隆坡市中心（隆雪华堂、林连玉基金会前），以小伯治命名的道路（Birch Road），也被当局以杀父仇人马哈拉惹里拉的名字取代。

英殖民时期破坏法治的不良分子，到了新时代后摇身一变，成了马来民族英雄。夕阳西下，穿越百年的拿督沙谷、拿督马哈拉惹里拉、伯治由郊外的巴丝沙叻转移战场，矗立在怡保市区，

图41 伯治、拿督沙谷、马哈拉惹里拉纪念物的分布图

资料来源：白伟权截图、绘制

每天伴随着霹雳州回教堂的朗朗诵经声，继续迎接下一个百年。伯治兄，你还好吗？

参考文献

Burns, P.L. and Cowan, C.D., (eds.). 1975. Sir *Frank Swettenham's Malayan Journals, 1874-1876*. Kuala Lumpur: Oxford University Press.

Burns, P.L. (ed.). 1976. *The Journals of J.W.W. Birch, First British Resident to Perak, 1874-1875*. Kuala Lumpur: Oxford University Press.

Cheah Boon Kheng. 1998. "Malay Politics and the Murder of J. W-W. Birch, British

Resident in Perak, In 1875: The Humiliation and Revenge of the Maharaja Lela." *Journal of the Malaysian Branch of the Royal Asiatic Society.* 71(1): 74-105.

Ho Tak Ming. 2014. *Ipoh: When Tin Was King.* Ipoh: Perak Academy.

Mariana Isa and Maganjeet Kaur. 2015. *Kuala Lumpur Street Names: A Guide to Their Meaning & Histories.* Singapore: Marshall Cavendish.

Wright, Arnold., & Cartwright, H. A. (eds.). 1908. *Twentieth Century Impressions of British Malaya: Its History, People, Commerce, Industries, and Resources.* London: Lloyd's Greater Britain Publishing Company.

十二、陈秀连的跨域事迹与拿律在
历史上的地理意义

从历史的角度而言，拿律战争是马来西亚近代史的重要转折点。这场矿区冲突迫使英国介入马来半岛各邦的政治，拉开了本区全面进入英殖民统治的序幕，因此拿律在历史上扮演着举足轻重的角色。若站在地理的角度观之，拿律这个矿业市镇对于中马地区（特别是霹雳、雪兰莪两州）的现代化进程同样功不可没，究竟拿律如何在马来半岛的地理空间上发挥影响力？这段过程正好展现在陈秀连前来异域重生的事迹当中。

陈秀连的吉隆坡性

陈秀连是马来西亚著名的华族历史人物，这个名字至今仍相当为雪隆地区的居民所熟知，陈秀连路、陈秀连轻铁站（图42）、陈秀连道路收费站，甚至诸多以陈秀连为名的陈秀"莲"蒸鱼头店，[54] 都是本区居民日常生活中经常能够听到或见到的名词。此外，熟知吉隆坡历史的人也会知道陈秀连开办的矿场遍布雪隆地区，

---

[54] 过去在陈秀连路有经营蒸鱼头的摊贩，后来因为受到老饕们的青睐，因此越来越多的蒸鱼头摊贩以陈秀连为店名。由于马来西亚并无中文路名，因此许多人只知道 Chan Sow Lin，对其中文名就有无限的想象空间。因此，女性的菜市场名——陈秀莲便成为大家最常诠释的结果。如今，陈秀莲蒸鱼头已经遍布雪隆各地，成为人们日常生活的一部分。

图42 吉隆坡的陈秀连（Chan Sow Lin）轻铁站

资料来源：白伟权摄于2023年12月19日

图43 吉隆坡四师爷宫以陈秀连为首的产业受托人

资料来源：白伟权摄于2010年2月4日

当地历史悠久的陈氏书院、仙四师爷庙、雪兰莪中华总商会等社会核心的创建和管理也都与他有着密切的关系（图44），陈氏可谓雪隆地区发展的重要推手之一。有鉴于此，陈秀连的名字与吉隆

图44　以陈秀连为首的陈氏书院创办人碑记

资料来源：白伟权摄于2014年7月18日

坡高度镶嵌，成为具有吉隆坡意象的人物，无形中也使他拿律的身份逐渐被人遗忘。

矿家的摇篮——拿律

事实上，"矿家"并不是一天就炼成的，因此他们养成的过程很重要。所谓的"养成"，包含资本、技术，以及管理经验的累积与习得。陈秀连这一辈马来亚矿家的栽培阶段多在19世纪60至70年代间。这期间，马来半岛的矿区并不多，主要落在拿律、双溪乌绒（Sungai Ujong）、马六甲内陆，以及巴生谷的安邦（Ampang）等地。由于当时雪兰莪以及近打大部分地区尚未发现锡藏，加上技术限制，故尚未被大规模开发。因此综观现有的矿区，又属拿律规模最大，使得大量人口移入，拿律也成为日后许多大矿家的摇篮。

拿律的开发与发展有赖于槟城资本与人力的挹注，最早前往拿律开荒的便是槟城海山、义兴及大伯公会的成员，像郑景贵、刘三和、李亚坤、胡维棋、邱天德等人，他们可说是第一代的矿家，这些人进入拿律创造出经济产值之后，也促使大批的劳工及管理阶层的移入，本文的主人翁陈秀连便是其中之一，为第二代的矿家。陈秀连生活在19世纪末至20世纪初，与之同一时期出自拿律的矿家还有著名的陆佑、胡子春、郑大平等人，他们夹带着雄厚的资本，从拿律到各地发展实业、开发市镇，为殖民地带来现代化，深受殖民政府倚重。

拿律海山派养成的陈秀连

陈秀连1845年出生于广东番禺，他在22岁（1867年）那年南来槟城，再辗转到拿律的矿场工作。这时期的拿律已经开发了

图45　穿着清装的陈秀连

资料来源：Wright, Arnold., & Cartwright, H. A. (eds.). 1908. *Twentieth Century Impressions of British Malaya: Its History, People, Commerce, Industries, and Resources.* London: Lloyd's Greater Britain Publishing Company.

十八年，也曾经发生过两次的矿区冲突。在拿律的四邑（义兴）和五邑（海山）两大派系之中，陈秀连的祖籍地番禺刚好是主导海山的五邑之一，他自然成为海山的一员。

陈秀连来到拿律之后，便在海山二哥刘三和的矿场底下学习矿务。刘三和地位仅次于郑景贵，但他更常居住在拿律，是拿律海山矿区的主要管理者。因此在刘三和底下，陈秀连很快便学有所成，并崭露头角。根据清末（1908年）英国人赖特（Arnold Wright）的记载，陈秀连最大的成就在于泥井制度的发明。[55]

"泥井"是一种挖掘隔沙的劳力专业分工制度，故它也可理解为一个专门挖掘隔沙的苦力集团。陈秀连所领导的苦力集团游走于矿场之间，专为锡矿公司提供挖掘工作的服务。[56]在锡矿资源不稳定的特性之下，陈秀连的泥井制度让锡矿公司节省了庞大的劳力成本，令公司不至于因为矿源的枯竭而出现劳资问题，营造了更稳定的产业环境。因此，许多人也纷纷效法，成立泥井公司，陈氏可谓创造出了新的行业领域。在今天太平的百年老庙、义山碑文，如粤东古庙、福德祠、凤山寺、福建义山，还可以见到百年前许多泥井商的捐献记录（图46、图47）。

除此之外，陈秀连也曾参与过第三次拿律战争。其间，他协助

---

55 Wright, Arnold., & Cartwright, H. A. (eds.). 1908. *Twentieth Century Impressions of British Malaya: Its History, People, Commerce, Industries, and Resources.* London: Lloyd's Greater Britain Publishing Company. Pp.131- 132.

56 Pasqual, Joseph Christopher. 1895. "Chinese Tin Mining in Selangor I." *The Selangor Journal: Jotting Past and Present.* 2(4): 25-29; Wong, Lin-Ken. 1965. *The Malayan Tin Industry to 1914, with Special Reference to the States of Perak, Selangor, Negri Sembilan, and Pahang.* Tucson: University of Arizona Press.

图46　甘文丁粤东古庙中的泥井公司捐献记录

资料来源：白伟权摄于2015年1月27日

海山阵营运送战略物资，年轻的他也在两派之间居中协调，促成两派前辈们的谈判和解，因此对于《邦咯条约》的顺利签订功不可没。

拿律及霹雳进入英据时期之初，陈秀连也协助英方镇压马来社会的反抗势力。[57] 拿律战争之后，年纪已达而立之年的他也离开刘三和的矿场，自行开办锡矿公司，他随后也与陆佑在霹雳参政司手中投得长达六年的总饷码（General Farm）承包权。

此外，1882年甘文丁粤东古庙建立时，也可见到陈秀连的社会参与。

从陈秀连创设泥井制度、在拿律战争中的斡旋、协助英军平定霹雳，以及后来的饷码承包、自办矿场可以看出，陈秀连的处事能力以及和英国人之间的关系，早在拿律时期便已经历练成形，累积了厚实的资本、技术、管理经验，甚至社会关系网。这些在拿律所累积的要素都是陈秀连日后在雪兰莪发展的基石。

从拿律到雪隆

拿律的矿源在1870年代之后就已逐渐枯竭。所幸在《邦咯条约》签订之后，随着霹雳、雪兰莪、森美兰、彭亨陆续纳为英据的马来联邦，无形中也促进了资本和人员在区域间的扩散，不少拿律矿家夹带着先前所累积经验与资本前往各地发展，其目的地又以近打地区最多。由于地理上的邻近性，也有不少人前往雪兰莪，较早前去的是陆佑，陈秀连后来也紧随着陆佑的脚步前往雪隆一带发展，并定居于时为马来联邦的新都城——吉隆坡。

---

57 "Social and Personal.," *The Straits Times*, 10 June 1927, P.8.

图47 陈秀连在甘文丁粤东古庙中的捐款记录

资料来源：白伟权摄于2023年12月25日

　　虽然雪兰莪早已是叶亚来等人的天下，但在新的殖民政府统治下，旧有的势力界线已经被打破，故可在该区见到许多霹雳或槟城背景的北马矿家的活动踪迹。陈秀连大约在1893年投资雪兰莪，他开设陈记商行，投资新街场、瓜拉雪兰莪、乌鲁冷岳（Hulu

Langat）、叻思（Rasa）、巴生（Klang）、淡江（Ulu Klang）、沙登（Serdang）、文良港（Setapak）、古毛（Kuala Kubu）、甲洞（Kepong）、八打灵（Petaling），甚至马六甲的吉双（Kesang）等地的过程中，也把在拿律所累积的技术与资金传入这些地区（图48）。

图48　陈秀连在雪隆及其他地区的产业分布图

资料来源：白伟权绘

根据巴斯夸（Joseph Christopher Pasqual）19世纪末的记录，当时的雪兰莪是南北矿家势力杂处之地，也因为如此，本区的矿场运作方式有外来的霹雳传统（Perak Adat）以及当地的吉垅/雪兰莪传统（Klang Adat，泛指今天的雪隆地区），不同的运作方式取决于资本的来源。[58]举例而言，若泥井制度是如赖特所说，系由陈秀连所创造，则笔者在加影师爷宫内的筹建记录中，也有见到泥井公司的捐献记录（图49）。虽然目前无法找到陈秀连投资加影的确切记录，但他的生意伙伴陆佑却是加影师爷宫的创建董事。无论如何，这多少反映了拿律采矿知识体系往雪隆地区的传播。

陈秀连在雪兰莪各地除了大量开发之外，也开始将资金进行多角化的投资，例如从事种植业以分散矿业资源枯竭的风险。陈秀连在雪兰莪也是著名的种植家，他不时也以种植家的身份赞助奖金于当地欧洲社群的马会。[59]

陈秀连也在吉隆坡市区开设美利机器厂（俗称"铁厂"），官方注册名称为Chan Sow Lin & Co. Ltd，属雪隆地区第一家由华人经营的铁厂。该铁厂规模相当大，并且有能力聘请欧籍技师，主要生产及代理各种采矿、工程，甚至橡胶加工所使用的机械器具。机具生产在当时而言，已属高技术产业了，陈秀连也被后世称为"吉隆坡华人铁厂之父"。至今在雪隆一些地方还能够看到陈秀连铁厂所生产的机械。由此可见，陈秀连在拿律最初因为学矿、经

58 Pasqual, Joseph Christopher. 1895. "Chinese Tin Mining in Selangor II: Labur and Labour." *The Selangor Journal: Jotting Past and Present.* 3(4): 43-46.

59 "Selangor Turf Club." *The Straits Times,* 26 May 1903, P.2.

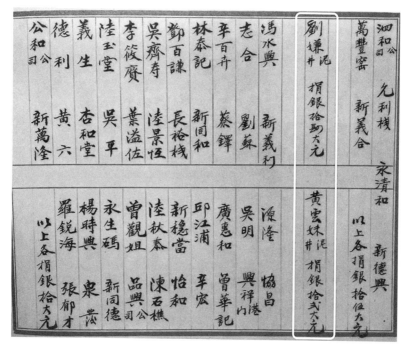

图49　加影师爷宫内的捐献记录可见到当地的泥井公司

资料来源：白伟权摄于2018年8月31日

营矿场到承包霹雳饷码而发迹，之后因为政治的改变而流动到雪隆地区，为该地区的现代化及产业发展做出贡献。

陈秀连在区域间流动的地理意义

　　陈秀连在区域间流动的背后，无形中也牵引出拿律的地理意义。以往，在谈及马来半岛早期开发时，许多人都会强调马六甲、槟城及新加坡这些区域贸易核心所扮演的推动角色，同时也习惯将马来

图50　陈秀连机器厂所生产的橡胶压制机具

资料来源：白伟权摄于2018年8月31日

半岛各地视为一体的、无差别的均质空间。然而细部观之，一些地区其实在不同的历史阶段扮演了重要的角色，像拿律，当地开发较早，孕育出许多的实业家，累积了资金、社会资本、技术与经验，他们的流动成了日后马来半岛其他地区陆续发展的一项重要基石。

因此，拿律给其他地区带来的影响并不只是单靠陈秀连一人之力，其他与陈秀连经历相似的跨域矿家还有陆佑、朱嘉炳、谢昌林、胡子春、宋继隆、郑大平等人。他们同样是由拿律"出品"，并且在他地发挥影响力，最终披上其他地区地理标示的拿律矿家。由此可见，当今硅谷科技产业人才的跨域流动，造就其他地方科技发展的戏码，其实在百年前的马来半岛早已发生。

参考文献

Wright, Arnold., & Cartwright, H. A. (eds.). 1908. *Twentieth Century Impressions of British Malaya: Its History, People, Commerce, Industries, and Resources.* London: Lloyd's Greater Britain Publishing Company.

Wong, Lin-Ken. 1965. *The Malayan Tin Industry to 1914, with Special Reference to the States of Perak, Selangor, Negri Sembilan, and Pahang.* Tucson: University of Arizona Press.

"Selangor Turf Club.," *The Straits Times*, 26 May 1903, P.2.

Pasqual, Joseph Christopher. 1895b. Chinese Tin Mining in Selangor II: Labur and Labour. *The Selangor Journal: Jotting Past and Present.* 3(4): 43-46.

Pasqual, Joseph Christopher. 1895a. "Chinese Tin Mining in Selangor I." *The Selangor Journal: Jotting Past and Present.* 2(4): 25-29.

"Social and Personal.," *The Straits Times*, 10 June 1927, P.8.

雪森彭矿务公会编：《雪森彭矿务公会120年暨矿业史》，吉隆坡：雪森彭矿务公会，2006年。

第三单元

拜别唐山的华人们

十三、前殖民时期的拿律矿主：
从岭南庙冢的同治古墓谈起

　　若要了解前殖民时期的拿律矿区社会，可以简单按照人们的社会角色，分为港门主、缴主、矿主，以及苦力阶层。然而，我们一般只将焦点放在具有影响力的港门主身上，甲必丹郑景贵便是最好的例子。虽然郑氏同时也兼具矿主身份，但作为海山大哥的他，终究非一般矿主。拿律的开发，有赖于众多向港门主承租矿地，实际操办矿场事务的矿主，但他们却是较少受到关注的一群。在现今太平岭南古庙右前方的丛林中，矗立着一座历经百年孤寂的同治古墓，诉说着拿律战争期间，海山阵营一名矿主家族的故事。

图 51　岭南庙冢同治古墓

资料来源：白伟权摄于 2023 年 3 月 28 日

太平的岭南庙冢

岭南古庙是拿律战争结束后，海山、义兴领袖连同太平广东阖省华人于 1883 年所共创的公庙。在前殖民时期，这里是吉辇包（Klian Pauh）海山矿区的一部分，岭南古庙创建之前，这里已是坟茔处处的冢地，它的年代比今天太平广东义山还要久远。现今，这里还留有近 60 座古墓，它们的立碑年代主要落在清同治到光绪初年（1863—1889），因此相信这里所埋葬的是拿律的第一批华人先民。

从籍贯看来，这些墓碑有超过 60% 是属增城籍的墓碑。[1]当地山坡上也能找到重修于 1923 年（民国十二年）的"增龙两邑总

1　有五座无法辨识祖籍地以及无标识祖籍地的墓碑，不纳入计算。

坟"，对应了史料上海山成员绝大部分是来自广东增城的叙述。这些墓碑主要分布于岭南古庙后方，目前都被丛林杂草所掩盖，乍看之下难以发现（图52）。

其中，岭南古庙右前方有座拿督公亭，亭后方的草丛中矗立着一块颇为别致，墓首及墓石左右都刻有雕花的墓碑。这块墓碑的位置相当隐蔽，若非有人指路，一般人几乎难以发现。笔者因写博士论文而第一次造访时，经当地文史工作者李永球指点，见到该墓碑。它虽然已无后人祭拜，但墓前却插满香支，兴许是距离拿督公亭太近而分得的香火。第二次造访岭南庙也是在写博士

图52　岭南庙冢后藏于丛林中的墓碑群，山坡上为增龙两邑总坟

资料来源：白伟权摄于2023年3月28日

论文期间，当时来此进行墓碑抄录，但因为李亚锦墓离开其他墓群较远且隐蔽，所以成为漏网之鱼。

第三次造访时，对于拿督公亭后面的墓碑记忆尽失，后来经由庙祝指点，才再度"发现"该墓。在与庙祝攀谈后发现当地人对此孤坟所知不多，大家于是开始想要弄清这座墓碑的墓主信息。在为墓碑上粉后，它的字迹开始一一浮现（图53）。

这是一块同治八年（1869）的墓碑，墓主是李亚锦，墓首刻有祖籍地"增邑"，即增城县。这块墓碑是由他三个孩子长房李观贵，女儿李□娘以及三房李观□所立。从立碑年代看来，这是落在前殖民地时期的墓碑。1869年正是第二次拿律战争（1865年）之后的第四年，由此可知墓主是拿律战争的亲历者，也是这里的第一代先民。除此之外，李亚锦墓最大的看点是立碑子女当中的长房李观贵。

档案中的Li Kroan Kori和Li Kuan Kwei

在讨论李观贵之前，我们先来看同一时期拿律相关历史档案里头，英文发音与"李观贵"相同的矿主Li Kroan Kori和Li Kuan Kwei。这两个名字是同一人，只是在拼写或排字环节中出现了不一样的结果，他们都出现在第一次拿律战争相关的英殖民档案之中，尴尬的是，他的身份是一名被告。

事缘于1861年第一次拿律战争时，义兴处于劣势，许多义兴矿主的矿场都被海山成员所捣毁，在此情况下，义兴矿主只好以英籍民的身份向英政府求援。槟城副参政司（Assistant Resident Councillor）施玛特上尉（Captain George Smart）随即被派往拿律

图 53　李亚锦墓

资料来源：白伟权摄于 2023 年 3 月 28 日

视察，并且接见了许多义兴矿主。过程中，施玛特将这些矿主所遭遇的过程、财产损失巨细靡遗地进行了笔录。[2]

首先被记录的是义兴矿主伍庚辰（Ung Ah Shin，新宁籍）的申诉案，他表示在1861年7月4日，海山矿主Li Kroan Kori和另一位矿主杨坎（Yong Kan），带着10名手持枪械、锄头的苦力，从他们位于Gugop的矿场前来破坏流到自身矿场的水道，双方于是发生冲突。[3]

另一位报案人是与Li Kuan Kwei有着合伙关系的义兴矿主李占魁（Li AhFoy，新宁籍），两人已经合作经营矿场六年。该矿场规模有80名苦力，平常由Li Kuan Kwei管理，李占魁提供资金，由于费用高，近两年才开始有回筹，李占魁想取回自己投资的本钱6 563元，但遭Li Kuan Kwei拒绝。

无奈之下，李占魁只好到马登（Matang）寻求马来封地官员穆哈默泰益（Shaikh Mohamed Taib）的协助，他也是马来封地主卡伊布拉欣（Ngah Ibrahim）的代理人。但穆哈默泰益只是叫他等待，后来李占魁无法再等，只好选择逃走。由此，他也向施玛特上尉申诉马来官员的不公，表示对方也是海山的一分子。[4]

虽然上述记录全属义兴一方的视角，但却已经是后人了解拿律战争细节的珍贵材料了。从中我们可以知道Li Kuan Kwei是一名海山矿主，其身份和社会地位实际上与报案的伍庚辰、李占魁对等。

2　见 CO273/5：493-504。

3　见 CO273-5：493。

4　见 CO273-5：498。

值得注意的是，这两名义兴矿主在后来1873年第三次拿律战争后，曾两度连同其他义兴矿主向海峡殖民地总督陈情，要求英殖民政府介入拿律的纠纷。此外，两人也实际参与了1874年海峡殖民地总督与拿律义兴、海山双方华人领袖所签署的《邦咯副约》。[5]虽然Li Kuan Kwei并未参与《邦咯副约》的签订，但至少能够借由伍庚辰和李占魁的事迹推敲Li Kuan Kwei在拿律的社会阶级。

那么在文献的缺乏下，除了名字拼音能完全对应之外，我们还能从什么线索证明档案中的Li Kroan Kori和Li Kuan Kwei就是墓主李亚锦的长子李观贵？

金石资料中的李观贵

要解答这个问题，可以从李亚锦墓立碑年代（1869年）前后的档案记录着手。首先，李亚锦墓的所在位置落在海山公司的势力范围，根据1865年的档案记录，当时的吉辇包一带已约有30家采矿场，其中20家属于增城人、3家属惠州人，另外3家则是由增城和惠州人合伙经营。[6]从墓碑祖籍地——增城来看，李氏父子其实是海山内部的主流群体，也对应了文献中Li Kuan Kwei的海山身份。而墓碑中的李观贵与档案中的Li Kuan Kwei也落在同一个时代。

在矿区中，就经济阶级而言，矿主属金字塔顶端的群体，因

5　也因为伍庚辰和李占魁曾经在文件上签名，因此后人能够将文献所出现的中文和英文名进行对照，甚至得知他们的籍贯。

6　见 CO273-15：387。

此可以见到在一个绝大部分人都无法留下墓碑的年代（1867年），能够为亲人留下精美墓碑者，多少具有一定程度的经济能力。

无独有偶，在1868年（同治七年），也就是李亚锦过世的前一年，远在槟城的大伯公街福德祠进行了一次小修。该福德祠是槟城广东社群的信仰中心，作为投资拿律的这些槟城富裕的广、客商人，自然也是该庙的主导者。其中，在两次拿律战争中位居优势的海山派商人，早已经占据该庙的主流地位，因此可以见到在1865年（同治四年）福德祠重修时期开始，海山一系的郑景贵、胡泰兴、刘三和等人便担任该庙总理、董事人。

在1868年的小修当中，参与者的名字被刻在了《福缘善庆》碑当中。从碑文来看，这次小修的参与者不多，只有21人，但拿律海山重要人物几乎都出现在这里了，像亲海山的商人胡泰兴、海山大哥郑景贵、二哥刘三和、矿主宋继龙（隆）、[7]陈胜合、郭胜合以及李观贵的名字也在碑文上。此外，字辈与李观贵相同的李观带也在捐款名单之列，两者是否有兄弟关系，我们不得而知，但墓碑上无法辨识名字的第三大房——李观□，其文字结构上确实似有个"卅"的笔画开头（图54）。

从籍贯、会党身份、年代、社会经济地位以及中英文姓名读音等线索的对应关系看来，我们可以合理地推测，李亚锦墓的子嗣李观贵和文献中的Li Kroan Kori或Li Kuan Kwei其实是同一人。

7　宋继隆也是霹雳务边（Gopeng）的开发者。

图54　槟城大伯公街福德祠的《福缘善庆》碑

资料来源：白伟权摄于2015年1月29日

165

弥足珍贵的前殖民时期史迹

在现今的马来西亚若要找到华人社会相关的历史遗迹并不难，但可以找到的绝大部分都是英据时期的史迹，前殖民地时期所能留下的不多。拿律亦然，英据前从华人移入采矿，由和平共处直至冲突，这是属拿律的大时代。但那个时代的史迹所剩无几，李亚锦墓可谓弥足珍贵，它也是少数能够被进行考证的普通墓碑。

这块位于拿督公亭后方毫不起眼的孤坟，实际上是前殖民时期的海山矿主之墓。从墓主长子李观贵的互动对象看来，他们也算是海山的重要家族，只是碍于镁光灯过于聚焦在大哥郑景贵之上，使得这些较之下一阶的矿主较少为人留意。

此外，目前拿律账面上的重要人物如郑景贵等人，有许多其实是拿律第一代开发者当中的子辈，像郑景贵早年便是为了寻找父亲郑兴发而来到拿律的。类似的例子也可以从李观贵身上看到，即使李观贵是拿律战争的第一线参与者，但他很可能也是跟随父亲来到拿律的。

这些矿主是支持整个矿区开发的中坚分子，他们带来苦力、统筹资金、生产锡矿、缴交租金予矿区的大地主。因此无论是义兴还是海山，矿主都是矿区兴盛与否的造王者。而这块深藏于草丛中的李亚锦墓，在结合文献加以解读之后，前殖民时期的拿律瞬间重新浮现了起来，而在1869年李亚锦过世的三年后，拿律开始了第三次的腥风血雨。

参考文献

白伟权：《国家、产业与地方社会的形构：马来亚拿律地域华人社会的形成与变迁(1848—1911)》，台北：台湾师范大学地理学系博士论文，2016年。

李永球：《移国：太平华裔历史人物集》，槟城：南洋民间文化，2003年。

黄存燊：《华人甲必丹》，新加坡：国家语文局，1965年。

CO 273/5：Colonial Office：Straits Settlements Original Correspondence.

CO 273/15：Colonial Office：Straits Settlements Original Correspondence.

十四、隐藏在拿律锡矿产业链中的槟城福建商人

马来（西）亚华人社会有着相当显著的族群产业分工特色，福建人从商、海南人卖咖啡、潮州人捕鱼、广府人打金等，每个籍贯的华人都各司其职，为这片土地作出贡献。谈及我们的锡矿产业，浮现在人们脑海里的主要是客家人以及广府人，其他帮群似乎在此产业中缺席。在殖民时期以前的拿律亦然，撇开采矿活动不谈，就说拿律战争，在整个事件当中，人们所想到的只会是主导海山和义兴的客家与广府人。事实上，福建人在早期的锡矿事业当中所扮演的角色亦不容忽视。究竟福建人提供了什么贡献？为何在锡矿的板块中被人遗忘？

图55 太平新港门福德祠中的主神大伯公

资料来源：白伟权摄于 2012 年 6 月 7 日

168

拿律最早的福建社群

以马来半岛的历史脉络而言，打从19世纪中叶的大开发时期开始，马来亚各帮群的华人就有其地理空间上的分布规律。像是贸易与商业活动为主的港口市镇多由福建人所主导，福建人比例较高，拥有较大的势力，也掌控各种商贸活动。在马来半岛内陆矿区则大多以"逐锡矿而居"的客家人为主。这种大的空间格局自然而言也容易造成在矿区之中的福建人经常被人所忽视。

事实上，若仔细观察，其实拿律早在殖民前期，就已经有不少福建人参与锡矿事业。福建人最早主要以大伯公会、和胜公司的身份出现在拿律，他们与海山集团关系密切，属结盟的关系，因此在史料记录上，福建人其实集中在海山矿区吉辇包（Klian Pauh，今太平市区一带）。

根据英殖民档案的记录，当地在1860年代就有两家由福建人所经营的店。另外，在1862年第一次拿律战争时，大伯公会的苦力也与海山集团并肩作战，将义兴矿主驱离拿律。[8]值得一提的是，福建人在吉辇包矿区早已拥有自己的义山，只是该义山在1889年（光绪十五年）便已经葬满封山，[9]现今已另作发展，不复存在。至今，拿律福建人自19世纪末（清代）留下的史迹主要有凤山寺、大善佛堂、福德祠，以及后来迁建的福建义山，除此之外，早期拿律所能找到的福建人信息并不多。总体而言，福建人虽然人数

8　见 CO273-5：475, 498。

9　见 Perak Government Gazette 1889 Vol 2, No 30，另见都拜福建义山的《募建冢亭小引》碑文。

不少，但是在人口比例上还是远不及客家和广府人。那么，福建人在这里究竟以什么样的姿态与拿律的产业和社会镶嵌？

这个问题的答案可能隐藏在当时锡矿产业本身的运作方式当中。根据海德惠斯（Heidhues）[10]及黄麟根[11]对于矿厂经营的研究，锡矿产业其实是一门庞大且分工精细的产业。采矿需要大笔的资金、劳力，吃的、穿的、吸的（鸦片）等都是该产业的投入（input）因子，这些事务不见得能够由客籍的矿家一人承担，它更讲求分工。当时许多知名的矿家在还没有发迹之前，其实并不如想象中那么富裕，郑景贵便是其中最典型的例子。根据拿律战争时期义兴阵营的领袖陈亚炎对瑞天咸的口述得知，郑景贵过去其实并不是个富裕的人（not then a rich man），[12]这是合乎常理的。拿律海山集团在拿律的发迹，其背后都与福建人息息相关，他们的关系主要是扮演资助者的角色，那么这些资助郑景贵海山集团的福建人到底是谁？

海山集团背后的福建商人

关于隐藏在海山集团背后的福建人，若仔细爬梳历史资料的话，会发现这些福建人并不如想象中陌生，因为他们几乎都是来自槟城的著名大家族。与早期拿律有密切关系的大家族就有邱家、

---

10 Heidhues, Mary F. Somers. 2003. *Golddiggers, Farmers, and Traders in the "Chinese Districts" of West Kalimantan, Indonesia*. Ithaca：Cornell University.

11 Wong Lin Ken. 1965. *The Malayan Tin Industry to 1914, with Special Reference to the States of Perak, Selangor, Negri Sembilan, and Pahang*. Tucson：University of Arizona Press.

12 Swettenham, A. Frank. 1975. *Sir Frank Swettenham's Malayan Journals, 1874-1876*. Kuala Lumpur, New York：Oxford University Press. P.40.

王家、李家、柯家、辜家。[13]

邱家

先来看看邱家。邱家的核心机构是邱公司，当今槟城著名的世界文化遗产龙山堂邱公司、文山堂邱公司都属此家族的产业。邱氏家族早在19世纪初槟城开埠不久便在槟城发展，经营热带栽培业、贸易等事业。提到邱公司，就不得不提到19世纪的董事邱天德。邱天德是当时槟城的福建社群领袖，也是福建会党组织大伯公会（也称建德堂）的大哥。这号人物也出现在马来西亚华文独中高中历史教科书当中。在1867年槟城大暴动时，邱天德原本被英国判处死刑，但当局因为担心招致槟城华社的反弹，此一政令始终没有执行，足见邱天德在当时的影响力。

根据资料，邱氏家族在拿律有相当多的投资，像邱天德在1871年便曾经向马来封地主承包十八丁的伐木权，并经营枋廊。此外，在拿律有比较多活动的是邱允恭，他是槟城的贸易商，经营以锡矿为首的土产贸易和船运。[14]他在槟城锡矿贸易的原料主要仰赖拿律的供应，在原料产区拿律，邱允恭承接邱天德的事业，且拥有鸦片和酒的专卖权，[15]这些鸦片和酒的主要消费市场相信就是海山矿场的矿工。他与马来封地主关系密切，也是马来封地的债权人之一。[16]

13　有关槟城福建家族的研究，可参见Wong Yee Tuan. 2015. *Penang Chinese Commerce in the 19th Century.* Singapore：ISEAS-Yusof Ishak Institute.

14　*Singapore and Straits Directory for 1890.* Singapore：Singapore and Straits Printing Office. P.213.

15　The Straits Settlements Records (SSR) G7：Letters to Native Rulers. P.109.

16　C.1505, C.1505-I, C.1510, C.1512 Further correspondence relating to the affairs of certain native states in the Malay Peninsula, in the neighbourhood of the Straits Settlements, 1876. Pp.44-46.

图56　邱公司董事邱天德

资料来源：Wright, Arnold., & Cartwright, H. A. (eds.). 1908. *Twentieth Century Impressions of British Malaya: Its History, People, Commerce, Industries, and Resources*.London: Lloyd's Greater Britain Publishing Company.

图57　邱公司重要成员邱朝仲

资料来源：Wright, Arnold., & Cartwright, H. A. (eds.). 1908.
*Twentieth Century Impressions of British Malaya: Its History, People,
Commerce, Industries, and Resources.*London: Lloyd's Greater Britain
Publishing Company.

图 58　位于槟城的龙山堂邱公司

资料来源：白伟权摄于 2013 年 8 月 27 日

在拿律战争之后，有关他们参与拿律锡矿事业的记录更多。邱允恭在拿律有一家名为中和号的公司，主要经营锡矿收购以及熔锡，是当地重要的锡矿收购商。他通过投资锡矿场，为矿主提供运作资金，从而换取矿场庞大消费市场（苦力）的烟、酒垄断权，以及对于锡矿低于市场价格的保证收购权。他在收购矿主们生产的锡砂之后，便集散到自己的熔锡厂进行加工，将锡砂熔成锡条，然后运到槟城出口至欧洲。

邱允恭这家公司的另一名股东是邱忠波。邱忠波是槟城著名船运商以及苦力贩运商。他与大伯公会的二哥邱天保所合资经营的船务公司万兴号[17]也有船只——"漳福建号""河内号"经营拿律和槟城的航线[18]，运载锡矿、苦力和米。据拿律战争后（1874年后）的记录，邱天德在拿律也有经营锡矿场[19]，他也有开熔锡厂——德昌公司。其总部设在槟城的贸易公司振美号[20]在拿律也有分行，很可能是负责收购及承销德昌公司和其他规模较小的公司所生产的锡条，以及售卖各种日用品，特别是鸦片。这些记录有助于我们了解这些头家在战前时期的活动。

　　资助拿律矿场成为缴主的邱氏族人还有邱朝仲、邱登梯和邱如语等。邱朝仲在1860年代时便经常往来拿律收购锡矿，[21]邱登梯经营的收购商行号不详，[22]不过他在槟城是一名鸦片饷码商。[23]邱如语则与邱四招、王正雄（Ong Jen Hiong）共同经营丰益（Hong Ek）熔锡厂。[24]

17　槟城万兴公司的船只（汽船）有：漳洲号、漳福建、漳海澄（往来新加坡、中国等地），Smator、Chow Phya（往来新加坡、马六甲、吧生）、Petrel、Chan Tai、吉打号、河内号（往来槟城、拿律）、Pearl，Carisbrook，Femtower。这些船只主要运载普吉与拿律的锡矿、仰光的米、中国的货物和苦力。见 Wong Yee Tuan. (2011-12). "Uncovering the Myths of Two 19th-century Hokkien Business Personalities in the Straits Settlements." *Chinese Southern Diaspora Studies*. 5：149。

18　漳福建号曾于1891年在拿律砵威港发生撞船事件，笔者才得知它有往来拿律与槟城的事实，见 *Daily.Advertiser*, 17 March 1891, P.3.

19　Perak Government Gazette 1900. Pp.390-391.

20　*Singapore and Straits Directory for 1890*.P.213。

21　见 CO273-15：326。另，槟城乔治市现今仍有一条巷子（死巷）以他为名：Halaman Khoo Cheow Teong。

22　*Singapore and Straits Directory for 1890*. P.259.

23　Trocki, A. Carl. 1990. *Opium and Empire*：*Chinese Society in Colonial Singapore, 1800-1910*. Ithaca; London：Cornell University Press.P.192.

24　Perak Government Gazette 1888. Pp.105-106; *Singapore and Straits Directory for 1890*. P.258.

王家

在槟城具有大伯公会背景的王氏族人在拿律也有相当多的资本挹注，他们与邱家一样是槟城大伯公会的骨干。在拿律的利益方面，王文德是该家族的其中一名代表，他是槟城船运商——文德公司（Boon Teck & Co.）东主，大伯公会二哥邱天保（锡矿收购商）也是这家公司的合伙人之一。他的船只在拿律战争期间还负责运载军火和打手，以接济拿律的海山阵营。[25]

拿律战争之后，王家在拿律的活动更进一步地记录在殖民档案之中。像另一位族人王明德，他则是槟城贸易和船运万振丰公司（Ban Chin Hong）的东主。[26]在拿律，他独资开有曾英（Tsenng Eng）熔锡厂，除了上述提及他和邱忠波等人开设万昌公司熔锡厂之外，也和王氏族人王永珍（Ong Eng Tin）、王奕善（Ong Ek Sian）以及钟进和（Chung Kin Ho）合资开设万发公司（Bang Huat），扮演矿场资助者的角色，从事锡矿收购。[27]

王家和邱家的合作也可见于王正雄（Ong Jeng Hiong）和邱清水的广福成（Kong Hok Seng）锡矿收购公司。另一名是王开邦，他在拿律开有万和熔锡公司以及万和栈从事锡矿买卖。[28]王开邦在拿律华人社会公共事务上相当活跃。

---

25 C.1111 Correspondence relating to the affairs of certain native states in the Malay Peninsula, in the neighbourhood.

26 *Singapore and Straits Directory for 1890*.P.213.

27 *Singapore and Straits Directory for 1890*. P.260.

28 Perak Government Gazette 1888.P.104; *Singapore and Straits Directory for 1890*.P.258.

图59　大伯公会（建德堂）总部槟城福德正神庙

资料来源：白伟权摄于2013年8月27日

　　另一些由王家开设的锡米收购公司有王潘（Ong Phoan）的合发公司（Hap Huat），王六（Ong Lak）的中安公司（Tiong An），王振忠（Ong Chhin Teung）的合德公司，王镜河、王奕数（Ong Ek Siau）、王亦珍（Ong Ek Tin）的同茂号，以及王奕珍（Ong Ek Tin）[29]独资经营的张成（Chong Seng）公司，[30]王鼎押的源珍号。[31]熔锡厂方面则有王然（Ong Jan）、王万成（Ong Bun Seng）、王安

29　Ong Ek Tin 和与王明德合资的 Ong Eng Tin 应为同一人，只是拼音上误植了。

30　*Singapore and Straits Directory for 1890.* Pp.259-260.

31　李永球：《移国：太平华裔历史人物集》，槟城：南洋民间文化，2003年。

枝（Ong An Ki）、万成兴号（Ban Sin Hin）合资的万安熔锡，[32] 王润德与王镜河的河德（Ho Tek）熔锡厂，河德公司也有经营锡矿收购业务。[33]

王润德是大伯公会成员，也是该会议事王文庆的儿子。[34] 王氏族人的万福公司也在1889年至1891年与另一名大伯公会领袖李边坪共同承包拿律的总饷码。[35] 该公司便由王明德、王新德、王清经等人所经营，王润德便是该公司的经理。[36] 由此可见，王氏族人在海山矿区中，有相当多的资金投入，势力不容忽视。

李家

从现有记录来看，李家不完全是宗族集团式地进入拿律，而主要是与李边坪家族有关。李边坪是名贸易商，也是槟城大伯公会的领袖，他曾经是槟城大暴动之后接受英国录口供的组织领袖之一。[37] 根据拿律战后殖民档案的记录，他在拿律资助矿场，开设振成号经营锡矿贸易，同时也与王梅英合资经营隆成熔锡厂。[38] 李氏虽然居住在槟城，但是在拿律华人社会事务上相当活跃，为拿律闽帮的重要领袖之一。在太平与甘文丁之间的福德祠的重修碑

---

32 Perak Government Gazette 1888. Pp.104-105; *Singapore and Straits Directory for 1890*. P.258.

33 *Singapore and Straits Directory for 1890*. Pp.258-259.

34 The Penang Riots Commission Reports. P.34.

35 拿律的总饷码包含赌、酒、当三大业务。在霹雳政府公报的记载中，该饷码只有李边坪的名字，因此王氏族人的万福公司可能是与李边坪合作的次级饷码包商。见 Perak Government Gazette 1888.P.106.

36 Perak Government Gazette 1890.P.284.

37 他在槟城大暴动报告书（*The Penang Riots Commission Reports*）中的名字被记录为 Lee Phen、Lee Phay、Lee Pehn，曾被约谈两次（evidence No. 41、45）。

38 Perak Government Gazette 1888.P.104; *Singapore and Straits Directory for 1890*.P.257.

记中，捐款额位居前三之一的隆成号，就是李边坪的熔锡厂。

其子李振和在槟城也继承父业，于1898年（光绪二十四年）开设了槟城著名的成记熔锡厂，专从霹雳收购锡矿到槟城熔锡。这家锡厂的现址便是槟城著名的"Brich House"麦当劳，它是由古迹建筑改建而成的，这家熔锡厂也就是后来享誉槟城的东方熔锡公司。在19世纪末太平的和善堂建立碑记当中，也可以见到李振和及长兄李振兴的捐献记录。

柯家

柯家以柯祖仕为代表，虽然没有证据显示他就是大伯公会的成员，但是槟城柯家与大伯公会的关系密切，经常共同捐助社会事务，柯祖仕本人的名字也经常与海山领袖的名字共同出现在一些机构（例如极乐寺）当中。柯氏同时经营熔锡和锡矿收购，他的熔锡厂协裕号在拿律颇具规模，其锡矿贸易的商号则为财协兴（Chai Hiap Hin）。[39]柯祖仕的财富也可以从他所购买的官衔得知，他的墓碑铭刻"荣禄大夫"的官衔，属从一品官衔，在本地相当少见（吉隆坡甲必丹叶亚来也只有五品的中宪大夫）。柯氏家族后来定居拿律，他的三个儿子也都是当地的社群领袖。

辜家

除了大伯公会之外，槟城其他与大伯公会关系良好的福建集团也随着大伯公会的脚步，将资金投入拿律，其中最显著的例子是槟城土生华人富商辜上达。他是槟城甲必丹辜礼欢的曾孙，[40]也

39　Perak Government Gazette 1888.P.104; *Singapore and Straits Directory for 1890*.P.259.
40　其父辜登春也是槟城著名的大头家。

图60 辜上达在太平大善堂的捐款记录

资料来源：白伟权摄

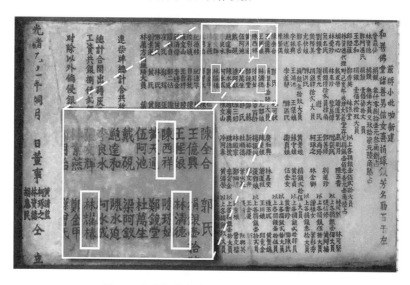

图61 太平和善堂建立碑记中的槟城巨商

资料来源：白伟权整理

是槟城的最大的鸦片商之一，[41]因此可以推知他应该也有向自己在拿律所投资的矿场供应鸦片。辜上达也与永定客籍头家胡泰兴一起经营船运生意，胡泰兴也是拿律矿主，他曾在第三次拿律战争中代表海山阵营向英殖民政府递交请愿书。另一个可能在拿律有活动的组织是槟城的存心公司，虽然史料上没有记载该公司在拿律的活动，但是它的领袖叶合吉在拿律战争之后在太平市街拥有众多的产业，[42]叶氏与大伯公会成员的交情甚笃，因此推测他们可能也是投资拿律的主力之一。[43]

在拿律的田野数据中，还能够找到其他著名的槟城福建家族。例如杜启明（槟城杜有令之子）、谢文贤父子、林耀桩（林宁绰之子）、陈西祥（林宁绰之妻）、林清德（潘〔林〕兴隆之子）等人，他们都是槟城和拿律主要的米商、杂货商。这些产业都是锡矿生产链的一环，而他们也与前述几个重要的槟城福建家族往来密切。

总体而言，这些福建家族几乎包办了拿律锡矿产业生产以外的所有项目，包括收购锡、熔锡（锡产加工），生活必需品提供，如鸦片、酒等等，成为锡矿产业收入巨大的大盘商。

---

41 Trocki, A. Carl. 2009. " Koh Seang Tat and the Asian Opium Farming Business. " In Yeoh Seng Guan, Loh Wei Leng, Khoo Slama Nasution and Neil Khor (eds.), *Penang and Its Regions*: *The Story of an Asian Entrepôt*. Singapore: NUS Press. Pp.213-223.

42 Perak Government Gazette 1891.P.998.

43 叶公司在1925年重建时，槟城的清銮社杜氏、三省堂曾氏、紫燕堂黄氏、龙山堂邱氏、四美堂庄氏、文山堂邱氏、福候堂谢氏都有赠送直匾，因此交情甚笃。这些姓氏大多有投资拿律，成为拿律的大头家，如拿律的杜启明、黄务美、邱天德、邱允恭、谢文贤等人（2015年7月30日田野调查）。

图62　由槟城福建富商赠予郑景贵的贺匾

资料来源：白伟权整理

福建人与海山五邑人的生命共同体

从上面的叙述中，我们看见了福建人如何借由锡矿生产上的各种分工，进而镶嵌在拿律这个矿区社会当中。他们在产业上相互结合，当出现资源争夺时，福建人和海山五邑人患难与共的"生命共同体"便会随之出现。在拿律战争期间，为了捍卫锡矿资源，拿律海山大哥郑景贵和他的伙伴积极寻找各种支持，筹集战争经费，以支持雇请打手、船只，购买枪械、大炮、子弹、火药、粮食等的庞大开销。其中一名在拿律有着巨大利益又蒙受损失的头家便是邱允恭，他为郑景贵筹了6万元，这笔数字在当时而言已是天文数字，足见客社（海山）和福建大伯公会之间为了夺回拿律的共同利益而呈现出的紧密关系。换个角度来看，这种生命共同体的展现或许也是出于无奈，毕竟若不投入资源的话，他们将蒙受更多的损失，先前所投入的资金恐怕也血本无归。

福建和海山集团的紧密关系也隐藏于海山大哥郑景贵在槟城的新居"慎之家塾"1899年（光绪二十五年）落成时的一块"祥开广厦"匾额之中。该匾额耐人寻味的地方在于，在众多由广东、客家人所致赠的匾额当中，它算是唯一一块由众多福建头家所赠送的。在上面的十三位头家及商号名表当中，前述所提及的李边坪家族（成记熔锡厂〔经营熔锡厂〕）、林宁绰家族（开恒美〔经营米较〕）、邱天德（邱振美〔经营贸易〕）等人的商号或名字都出现在上面。此外，还有著名的张弼士（万裕兴〔船运〕）、[44]许泗章

44　张氏为大埔籍，早期在爪哇经商，后也将事业范围扩及槟城，是槟城客籍社群的重要领袖，更曾在1893年至1894年间担任清廷驻槟城领事。1895年郑景贵75岁大寿时，张氏也带领一众客籍领袖向其赠送一片祝寿屏风。今天的槟城蓝屋便是他的故居，他也曾发起建设中国潮汕铁路，以及创建中国第一家葡萄酒厂——张裕酿酒公司，被誉为中国葡萄酒之父。

（许高源，船运商）。这些头家所经营的事业都与锡矿生产息息相关，不难想象这些福建人与郑景贵之间的互补性。巧合的是，在同一年，郑景贵也在拿律捐助了福建人的福德祠，成为该庙重修捐款中唯一的非福建人，也是出资最多的捐款者。

跨国流动的福建商人

虽然马来亚早期存在着各方言群或帮群各有其专属的行业领域，而不同地区也有着特定方言群占优势的现象，但是从微观的尺度来看，却有着不一样的风景。锡矿业向来被认为是客家人的专利，那是因为我们只从单纯的采矿活动来理解所致。事实上，锡矿产业应被理解为一个从生产到销售，外加许多垂直与水平分工的产业链。正是这个产业链，使得原先在槟城就已经发迹的福建人也因为和海山阵营的上下游合作关系而来到拿律，而这些福建富商都是当时社会上赫赫有名的人物。

令人玩味的是，当时的槟城与霹雳仍归属不同的国家，因此他们在拿律严格上说来，其实是属一种跨国商业行为。在拿律所看到的史料当中，处处可见到槟城福建商人的足迹。通过锡矿产业的联结，从中也可以见到槟城的决策如何作用在拿律的土地之上，而拿律丰富的锡矿如何造就槟城的财富。由此也不难理解今天太平与槟城两地华人各种文化、生活习惯的相似性。写到这里，脑海中不禁浮现大学时期区域地理这门课讲述全球经济产业联系与变迁的教科书《全球变迁：世界经济地理的重塑》（ *Global Shift: Mapping the Changing Contours of the World Economy* ），这种从生产关系到社会关系的过程，早在大家认为落后的百年前便已经出现。

　　然而，随着19世纪末拿律锡矿资源的枯竭，客家和广府社群也移往近打另谋出路，福建人在拿律锡矿产业的角色也逐渐退场，而在新时代中，原先锡矿产业链里头的族群分工版图也出现变化，使得福建人的锡矿角色进一步被人淡忘。今天的太平虽然也以福建人为主，但他们算是第二批移民，这又是另一则故事了。

参考文献

C.1111 Correspondence relating to the affairs of certain native states in the Malay Peninsula, in theneighbourhood, 1874.

C.1505, C.1505-I, C.1510, C.1512 Further correspondence relating to the affairs of certain native states in the Malay Peninsula, in the neighbourhood of the Straits Settlements, 1876.

CO273-15 Straits Settlements, Original Correspondence.

CO273-5 Straits Settlements, Original Correspondence.

Daily Advertiser, 17 March 1891, P.3.

Heidhues, Mary F. Somers. (2003). *Golddiggers, Farmers, and Traders in the "Chinese Districts" of West Kalimantan, Indonesia*. Ithaca : Cornell University.

Perak Government Gazette (Taiping : 1888, 1889, 1891, 1900)*Singapore and Straits Directory for 1890*. Singapore : Singapore and Straits Printing Office.

Swettenham, A. Frank. (1975). *Sir Frank Swettenham's Malayan Journals, 1874-1876*. Kuala Lumpur, New York : Oxford University Press. P.40.

The Penang Riots Commission Reports.

The Straits Settlements Records (SSR) G7 : Letters to Native Rulers.

The Straits Times, 20 March 1875, P.3.

Trocki, A. Carl. 1990. *Opium and Empire* : *Chinese Society in Colonial Singapore, 1800–1910*. Ithaca; London : Cornell University Press.

Trocki, A. Carl. 2009. "Koh Seang Tat and the Asian Opium Farming Business." In

Yeoh Seng Guan, Loh Wei Leng, Khoo Slama Nasution and Neil Khor (eds.), *Penang and its Regions : The Story of an Asian Entrepôt.* Singapore : NUS Press. Pp.213-223.

Wong Lin Ken. 1965. *The Malayan Tin Industry to 1914 , with Special Reference to the States of Perak, Selangor, Negri Sembilan, and Pahang.* Tucson : University of Arizona Press.

Wong Yee Tuan. 2011-12. "Uncovering the Myths of Two 19th-century Hokkien Business Personalities in the Straits Settlements." *Chinese Southern Diaspora Studies.* 5 : 146-156.

Wong Yee Tuan. 2015. *Penang Chinese Commerce in the 19th Century.* Singapore : ISEAS-Yusof Ishak Institute.

李永球:《移国：太平华裔历史人物集》，槟城：南洋民间文化，2003年。

十五、凤山寺碑记：石头上的社会关系图

1885年（光绪十一年）对拿律福建社群来说，是意义非凡的一年。这年中秋，位在高搭（Kota）的凤山寺落成，写有"凤山寺"三个大字的庙匾正式被高挂于正门之上，题字气宇非凡。

凤山寺不仅仅是当时太平福建人的信仰中心，更是整个福建社群的"公所"，[45]地位十分重要。这一次的建庙，动员了许多人，在凤山寺建竣后，主事者们也留下了一块珍贵的《凤山寺碑记》。这块碑文应算拿律地区关于福建社群最早的金石资料之一，当中的芳名足以为我们填补一些关键的历史空隙。

笔者在前一章《隐藏在拿律锡矿产业链中的槟城福建商人》曾经讨论了福建人在客家锡矿产业链当中所扮演的角色，福建人在殖民时期之前便以大伯公会（建德堂）的身份进入拿律。然而在空间上，福建人在吉辇包和新吉辇矿区的人口并不多，而是在矿区外聚集，当地也形成具有商业机能的市镇，即凤山寺所在的"高搭"。

高搭的地名正是由马来文"Kota"一词音译而来，为"城市"之意。内陆矿区所产的锡矿往往会运到这里集散、交易，再往沿海的港口马登（Matang）通关纳税，并输出槟城。这种空间格局的形成与福建人善于经商的族群特性相辅相成。

45　见1981年（光绪十七年）大善堂建立时的献地碑记。

图63　太平凤山寺庙匾

资料来源：白伟权摄于2020年2月8日

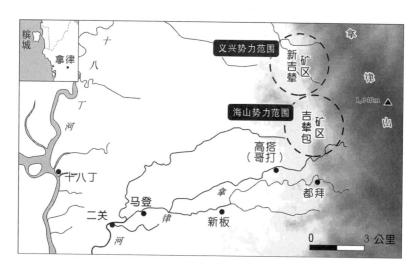

图64　马来封地主时期的拿律

资料来源：白伟权提供

　　我们不难理解，在马来封地主时期，除了锡矿收购之外，各种服务业、商店也都集中于此，高搭可说是拿律的经济核心，在内陆两大矿区之间独领风骚。

　　然而，在拿律战争结束之后，其空间格局发生了翻天覆地的变化，这一改变或多或少也催生了1885年高搭凤山寺的建立。那么，1885年的太平究竟发生了什么事？

建庙：社会关系板块重组下的反应

　　1874年《邦咯条约》签订后，拿律随即进入英据时代。在1870年代中至1880年代中叶的这10年间，拿律无论是在社会还是在经济上，都发生了巨大的变化。先是1874年，殖民政府在吉辇包矿区建立新的核心市镇——太平，并作为霹雳的首府，其地位迅速取代原有的高搭。

　　与此同时，拿律的华人族群关系板块也开始出现大洗牌。以往水火不容的海山和义兴，其对立关系逐渐淡化，两者甚至因为文化背景的相似性（同属岭南文化）而开始渐渐相互靠拢。

　　从田野资料上，可以见到过去海山和义兴两派的大佬，先是在1878年（光绪四年）在甘文丁携手共建粤东古庙，到了1883年（光绪九年）又在太平共建岭南古庙，无论是"粤东"还是"岭南"，两者在字面上都呈现了以广东阖省为单位的集体意识。由此可见，拿律广府和客家系的华人开始大集合，形成一体性的广东社群。

　　反观以往与海山并肩作战的盟友——福建人，则从海山大伯公会利益集团中独立出来。虽说福建人应该早有自己的组织，[46]但可以见到广东社群在1883年建立岭南古庙之后，福建人也随即集结，筹备建立自己的公所——凤山寺（图65），寺庙于两年后（1885年）落成。值得注意的是，福建人也给凤山寺取了另一个名字，曰"闽中古庙"，赶上了广东社群的"古庙"热潮。

图65　高搭凤山寺

资料来源：白伟权摄于2015年1月27日

　　由此看来，拿律刚进入英据时期的十年间，社会变化相当大，凤山寺的建立并非无迹可寻，甚至可说是福建社群对于当时族群

46　至少在1883年（光绪九年）甘文丁粤东古庙创建时，便已经出现"福建会馆"所赠送的匾额。

关系重组下所做出的回应。

解读福建社群关系网络的钥匙

为了纪念这次集结，主事者也将捐款者的姓名及商号铭刻在石碑上，向地方人士昭示功绩，让他们可以永垂不朽。这即是我们要讨论的《凤山寺碑记》（图66）。

除了民间的实际意义外，这块碑记也相当具有学术价值，可协助解开一些研究上的未解之谜，是我们解读早期社会关系网络和其他碑文的钥匙。

这块碑文中较为令人振奋的发现是碑文上"邱天德"的名字。从前面几章可以知道，福建人以大伯公会的组织与海山结盟，而大伯公会在拿律活动的幕后操盘者正是邱天德。

邱氏是拿律的投资大户，也是郑景贵集团的资助者。然而，我们却无法在拿律找到有关他的任何田野记录，令人苦恼。只有在此碑记中能见到邱天德以自己的名义捐资100大元，位居第二，符合他在拿律的势力。他的商号振美号也有捐款，只是捐金数不多。另一位谜一般的人物是邱允恭，他同样是槟城新江邱氏家族的成员，也是邱天德在拿律的代理人。在史料记录上，他比邱天德更加活跃，不仅是鸦片包税人，也是马来统治者的债权人，还是当地主要的锡矿收购商、熔锡商。记录上，他的店号是Tiong Ho。

目前只有在陈铁凡、傅吾康合编的碑铭集里找到凤山寺1885年（光绪十一年）《敬惜字纸碑》中位居缘首的中和号。中和是不是Tiong Ho？因为拼音相同，因此可能性很大，但仍不敢百分之

图66 《凤山寺碑记》

资料来源：白伟权摄于2019年12月13日

百确认。

如今《凤山寺碑记》中同样处于缘首的"邱中和"，从经营者的姓氏——邱姓以及他对于福建公所建立的积极程度看来，邱中和即来自邱允恭及其商号Tiong Ho。（图67）

碑记上也见到一名史料上不常出现的槟城大头家谢增煜（Cheah Chen Eok，1852—1922）。目前矗立于乔治市旧关仔角康华丽斯堡外的维多利亚女王纪念钟楼（图68），即是由谢氏所捐建。

然而，与邱天德、郑景贵等人相比，他还是小辈。拿律战争时，他才不过十几二十岁。那么，他究竟与拿律有何关联呢？

原来早在1872年第三次拿律战争以前，他即受到大伯公会领袖王文德[47]的照顾，于文德公司任职，[48]王文德也是深刻介入拿律战争的槟城福建领袖之一。拿律战争时，王文德便负责由槟城运送军火至海山矿区以对抗义兴。[49]在1872年，谢增煜也迎娶海山领袖胡泰兴的女儿，成为胡家女婿。[50]

碑记上另一名鲜少出现在拿律纸本数据上的人物还有许心美（Khaw Sim Bee，1857—1913）。他在年龄上又较谢增煜来得轻，

47　Wong Yee Tuan. 2015. *Penang Chinese Commerce in the 19th Century: The Rise and Fall of the Big Five*. Singapore: ISEAS-Yusof Ishak Institute.P.68.

48　Wright, Arnold., & Cartwright, H. A. (eds.). 1908. *Twentieth Century Impressions of British Malaya : Its History, People, Commerce, Industries, and Resources*. London : Lloyd's Greater Britain Publishing Company.P.757.

49　C.1111 Correspondence relating to the affairs of certain native states in the Malay Peninsula, in the neighbourhood,1874.P.15.

50　Wright, Arnold., & Cartwright, H. A. (eds.). *Twentieth Century Impressions of British Malaya: Its History, People, Commerce, Industries, and Resources*.P.761.

图67　出现在碑文第一排的重要人物

资料来源：白伟权摄于2019年12月13日

图68　谢增煜所建的维多利亚女王纪念钟楼

资料来源：白伟权摄于2023年8月5日

但在槟城和暹南地区，也是一个响当当的人物。

许心美是许泗章（Khaw Soo Cheang）的幼子。许氏家族经营船运、土产贸易，与暹罗关系颇深。许泗章更被册封为舜廊郡主（Governor of Ranong），在暹罗也经营锡矿产业。

许氏家族与其他大伯公会集团成员（包含邱天德、李边坪等）唯一的历史遗迹出现在1899年（光绪二十五年）郑景贵槟城慎之家塾的"祥开广厦"匾额中，匾额上的"许高源"，便是其家族商号——高源号。

在捐资凤山寺的三年后，许心美受委为董里（Trang）总督。1900年代，许氏家族在雪兰莪也与上述提及的谢增煜家族合资承包饷码。[51]至于许氏家族是否实际到过或投资拿律，尚有待更多历史资料的发掘，但这块石碑已经为复杂的社会关系提供了重要的线索。

碑文中的客籍头家

在这块碑文中也可看到少数的客籍领袖，可以确认的有戴喜云和胡子春，他们都是亲海山阵营的头家。究竟他们与福建人有何关系？

大埔籍的戴喜云也是海山领袖，与海山大哥郑景贵的关系密切，基本上两人看似存在着共生关系。在拿律和槟城，只要能找到郑景贵名字的地方，便会出现戴喜云的名字。

---

51 Butcher,J., & Dick,H.(eds.).1993.*The Rise and Fall of Revenue Farming*: *Business Elites and the Emergence of the Modern State in Southeast Asia*.New York : St Martin's Press. P.270.

戴喜云是一名中药商，其商号名为杏春堂。在记录上，他也曾经与福建人共同承包饷码，像他们合组的万宝美公司，便在1900年代承包了霹雳总饷码（Perak General Farm）。[52] 他也是后来清廷驻槟榔屿副领事。

永定籍的胡子春（Foo Choo Choon，1860—1921）在拿律战争时期还是幼年。他年少时便进入拿律工作，受雇于海山领袖郑景贵二哥郑景胜的矿场，后来还娶了郑景胜的女儿。他的才气加上人际关系上的加持，使他成为日后的马来亚锡王。

虽然他是客家人，但因为海山与福建人属同一阵线，加上永定在行政上属福建省，因此他得以在社会上游走于闽客之间，甚至在福建组织中担任要职。此外，胡子春和上述所提及的许心美自小便已经认识，在社会上他们也有商业合作关系。[53]

上述两位客籍头家，无论是在锡矿的投资还是饷码承包，长期都与福建人有着合作关系，因此不难理解他们对于闽帮建庙事务的参与。此外，由于义兴背景头家在碑文中的缺席（当地其他福建碑铭也未见义兴头家），更加凸显先前海山与大伯公会的紧密关系。但值得玩味的是，时任甲必丹的郑景贵并没有参与此次的福建人动员。[54]

---

52 *The Directory & Chronicle for China, Japan, Corea, Indo China, Straits Settlements, Malay States, Siam, Netherlands India, Borneo, the Philippines, &c. for the year1908.* Hongkong：The Hongkong Daily Press Office.P.1295.

53 Butcher, J., & Dick, H. (eds.). *The Rise and Fall of Revenue Farming*：*Business Elites and the Emergence of the Modern State in Southeast Asia.* Pp.269-270.

54 不过在1899年福德祠重修时，郑景贵有捐资。他的长子郑大养在1896年和1913年也有参与福建大善堂的重修与重建。

其他应该出现的头家

在碑记中，其他该出现的福建头家都有出现了。像从事锡矿收购及熔锡生意的柯祖仕和李边坪，两人都是活跃于槟城和拿律两地的闽帮领袖。

柯祖仕是协裕号熔锡厂东主，在拿律许多福建机构当中，也都是位居董事领导层之列。李边坪是槟城－拿律大伯公会领袖，在拿律设有隆成熔锡厂，他也是本次建庙动员活动的大总理。

换句话说，碑铭上的人名，可能有大半是由李边坪动员而来。除了李边坪本身之外，他的长子李振兴的商号——振兴号也在捐资之列，他虽同样捐了60元，但名字排在父亲之后。振兴号也是立庙董事之一。

其余还有万昌号，这是邱忠波、王明德、邱清新（译名）的熔锡厂，[55]万昌也捐了粤东古庙。王鼎超，字辈上看应是闽帮领袖王鼎押的族亲。万和号，是王开邦的熔锡厂。[56]同茂号，是王镜河及其族人合资的熔锡厂。邱氏与王氏家族是槟城大伯公会的骨干，在拿律已经营许久。还有杂货商芳美号、万源号熔锡厂东家黄则谅。此外，在这块石碑中捐银数字居第三，同时也是建庙董事的郭锦忠，看似是拿律重要的人物，目前学界对于郭氏所知不多，有关郭氏的事迹还是一个谜，有待日后发现。

---

55 Perak Government Gazette 1888. P.104.

56 Perak Government Gazette 1888. P.104.

理解复杂社会网络的基石

碑记是理解复杂社会网络的基石，上述虽然出现许多看似枯燥的人名和社会关系，但是熟悉这些人名之后，在北马许多地方只需稍加留意，都可以见到他们在不同地区重复出现。整个区域都掌握在这个网络集团的手中。

有趣的是，在凤山寺建庙的同一年，一群槟城富商在槟城合股组织了本土第一家巨额资本的保险公司——乾元（Khean Guan）保安公司，其16名董事当中，至少有5人的名字或商号出现在此碑记中，例如：邱天德、王文德、许心美、谢增煜、王明德。[57]

《凤山寺碑记》对于笔者而言是一块迟来的碑文，笔者撰写博士论文时，可能因缘未到，因此并没有寻得此碑。在陈铁凡和傅吾康合编的碑铭集[58]当中也未有将之收录，直到近期再访太平时，才在庙旁寻得。

走近一看，碑文当中出现一些找了很久终于出现名字（邱中和、邱天德），也有首次在太平见到的熟悉人物（许心美、谢增煜）。而重新细读碑文的各种细节，也重新认识了凤山寺在拿律社会经济板块巨变下的建立背景。

然而，每块碑记所能提供的线索与解释力还是有限的，但它已经足以成为拼凑历史原貌的其中一块拼图了。

---

57 Wong Yee Tuan. *Penang Chinese Commerce in the 19th Century: The Rise and Fall of the Big Five*.P.125.

58 傅吾康、陈铁凡:《马来西亚华文铭刻萃编》（三），吉隆坡：马来亚大学，1987年，第1028—1040页。

参考文献

Butcher, J., & Dick, H. (eds.). 1993. *The Rise and Fall of Revenue Farming : Business Elites and the Emergence of the Modern State in Southeast Asia*. New York : St Martin's Press.

C.1111 Correspondence relating to the affairs of certain native states in the Malay Peninsula, in the neighbourhood, 1874.

Perak Government Gazette 1888.

Phuwadol Songprasert. 1986. *The Development of Chinese Capital in Southern Siam, 1868-1932*. PhD Dissertation, Monash University.

The Directory & Chronicle for China, Japan, Corea, Indo China, Straits Settlements, Malay States, Siam, Netherlands India, Borneo, the Philippines, &c. for the year1908. Hongkong : The Hongkong Daily Press Office.

Wong Yee Tuan. 2015. *Penang Chinese Commerce in the 19th Century : The Rise and Fall of the Big Five*. Singapore : ISEAS-Yusof Ishak Institute.

Wright, Arnold., & Cartwright, H. A. (eds.). (1908). *Twentieth Century Impressions of British Malaya : Its History, People, Commerce, Industries, and Resources*. London : Lloyd's Greater Britain Publishing Company.

白伟权：《国家、产业与地方社会的形构：马来亚拿律地域华人社会的形成与变迁（1848—1911）》，台北：台湾师范大学地理学系博士论文，2016年。

李永球：《移国：太平华裔历史人物集》，槟城：南洋民间文化，2003年。

傅吾康、陈铁凡：《马来西亚华文铭刻萃编》（三），吉隆坡：马来亚大学，1987年。

十六、槟城大伯公街福德祠里的拿律大佬

走在乔治市老城区的大伯公街，在错落有致的南洋街屋群中，映入眼帘的是三栋典雅且古色古香的中国华南传统建筑——香山会馆、福德祠，以及三联栋的武帝庙—宁阳会馆—伍氏家庙。该处英文街名为King Street，这里的King所指的是英皇乔治三世（King George Ⅲ）。

图69 大伯公街福德祠

资料来源：白伟权摄于2015年1月29日

这条街早在1790年时便已经出现，是乔治市开埠进行市区规划时最早的街道。从命名空间政治的角度来看，足见其重要性。华人则称这条街为大伯公街，它正是以这三栋华南古建筑当中，正中间的福德祠为名。福德祠是槟城广东社群重要的信仰中心，庙里两块清朝同治时期的碑文揭示了槟城与拿律之间的关系，而百里之外拿律所发生的战事，或许也悄悄影响了该庙的发展时序。

大伯公庙的历史厚度

2021年11月1日中午，联合国教科文组织曼谷办事处宣布，福德祠获得该组织亚太区2021年度"联合国教科文组织亚太区文化遗产保护奖"优秀奖，这对于马来西亚文化遗产界以及地方社会而言，可谓一大殊荣。事后，庙方也召开记者会，对主持此次修复工作以及争取奖项的已故陈耀威建筑师予以肯定。

陈耀威的团队于2017年开始动工，修复工作历时两年，最终于2019年完工。可惜的是，在联合国教科文组织宣布福德祠获奖前夕，陈耀威因癌症病逝。福德祠能够获得联合国评委会的青睐，除了其古迹修复成果的硬件条件之外，庙宇本身的历史文化厚度当然也是不可或缺的要素。

乔治市老城区的这座福德祠也称为大伯公庙，最初是由丹绒道光（Tanjong Tokong）的海珠屿大伯公庙分香而来。从匾额的时间点来看，它早在1810年前后便已经建立，当时正好是槟城开埠的第一个二十年之间的事情。

福德祠主祀福德正神和关圣帝君，主要为槟城客社五属（嘉应、增城、惠州、大埔、永定）和广府人士所经营，当中也纳入

图70　陈耀威（讲解者）与修复中的福德祠

资料来源：白伟权摄于2019年7月10日

了潮州及琼州（海南）人，因此算是槟城广东社群所共有的最高机构了。从庙里的文物来看，早期的广东社群更倾向于称其神明和庙宇为大伯公及大伯公庙/宫。

　　大伯公庙建立初期所留下的文物不多，只有一块献给关圣帝君的"同寅协恭"匾额，当中刻有以总理胡武撰为首，连同其他五位华人的名字。胡武撰自然就是当时的广东帮领导人，他们都是槟榔屿的第一代先民。根据郑永美的研究，胡武撰便是槟城打金业者百年古庙——"胡靖古庙"的祖师爷胡靖。

除此之外，大伯公庙也分别在同治四年（1865）和宣统元年（1909）进行大规模的翻修，并留下了珍贵的碑文、匾额以及刻字的石柱等器物，它们上面所铭刻的捐献者名字，揭示了该时期的社会动员情形。如果不解读这些人名和商号，它将只是一堆刻有文字的石头，我们就无法了解该庙在当时槟城的地位。其中，立于同治四年的《重修海珠屿大伯公宫碑记》以及同治七年（1868）的《福缘善庆》碑所含有的信息量最大。

《重修海珠屿大伯公宫碑记》

《重修海珠屿大伯公宫碑记》碑文里记载，此次筹款共动员了344人，筹募了约2 700元，[59]算是一次大规模的筹款，捐款者不乏一些当时槟城叱咤风云的人物。在槟城这座自由港市里，他们的发迹很大程度上都与这座自由港的贸易以及周边地区的原产品生产有关。若谈及槟城客家及广府社群在上述两项经济活动上的对象，锡矿会是其中的大宗。

在19世纪中、后期，槟城金字塔顶端的广东社群领袖，可以说有超过五成的人曾以不同形式介入过拿律的锡矿生产，其中有许多更是拿律战争中的要角。在1865年的重修碑记里头，也能见到不少拿律大佬。

大伯公庙募款的1865年对于拿律而言是特别的一年，当时的拿律又爆发了第二次拿律战争。其实早在1861年，拿律的两大采矿集团——义兴和海山双方早已经因为水源的争夺而发生了第一

59　有部分文字因为碑文表面损毁而无法辨识。

图71　庙内的"海珠屿大伯公"立牌

资料来源：白伟权摄于 2015 年 1 月 29 日

次大规模冲突，造成大量伤亡，因此自那时候起，拿律义兴和海山两派已经深深种下了矛盾。

在1865年的第二次拿律战争中，至少造成700名惠州籍义兴阵营的成员被杀，2 000人取道拿律的内陆森林北上威省渡船逃至槟城。因此我们很难想象，远在拿律发生重大矛盾时，这些在槟城或是往来槟城和拿律的矿主、战争的主导者，能够因为神明，重建大伯公庙的关系，而有了一次合作动员。这种冲突中的和谐氛围实在耐人寻味，叫人难以想象。

但是翻查时间线，1865年的战争发生在6月，自此开始一直到年底，则可以在档案记录上看到受害的义兴领袖与殖民政府之间来来回回的法律申诉。而重修大伯公庙的动员则发生在当年的"冬月"（即年底），碑文中可见到该庙总理胡泰兴为了修建庙宇而"集众腋以成裘"，发动集资，"藉和衷（按：和睦同心）以辑美"，究竟这时的动员是否与拿律战争的和事有关，以神之名，借由共同合作修建，行缓解社会紧张氛围之实？需要更多的史料证明，但是时间和人物的吻合，不免让人多做联想。接下来，我们来看看碑文中的重要人物。

首先是大伯公庙的总理胡泰兴（永定客籍）。他在这次捐款当中也是捐资最多的，为250元。胡泰兴是贸易商，与槟城的鸦片大王辜上达为生意伙伴，经营泰兴达的船运公司。胡泰兴在拿律也是一名矿场投资者及锡矿收购商，因此对于拿律也介入很深。他在后来1867年的槟城大暴动（Penang Riots）当中受政府委任为调查委员会的一员，但他站在大伯公会（海山的盟友）的一方。在1872年第三次拿律战争当中，他也是海山矿主们与英国交涉的代表。

再者是拿律海山大哥郑景贵以及其兄长郑景胜（增城籍）。郑景贵是海山大哥、拿律战争的主导者。他也因为拿律的锡矿以及饷码承包而成为槟城一位最富有、最具影响力的华人。他的重要性已经无需赘述。

郑景贵经常往来拿律和槟城，他在拿律的事务则由同乡刘三和管理。刘三和可说是拿律海山的第二把交椅。刘氏捐了50元，排名第六。与郑景贵紧邻的名字还有邱鸿才，在1872年第三次拿律战争时，海山曾一度被义兴公司驱逐，因此记录显示"Khoo Hong Choey"连同福建会党大伯公会的王文德出动船只，在槟城装载了枪械、大炮、弹药和1 000名打手，准备反攻拿律，档案里头的Khoo Hong Choey相信就是碑文上的邱鸿才了。邱氏捐了100元，排名第五。

除了海山之外，义兴领袖也在芳名之列，例如许栳合，他是潮州义兴的重要人物，也是槟城潮州公司的创办人之一，其势力范围在威省，是该地区甘蔗种植业的领导人，捐了20元。虽然记录上没有显示他有涉足拿律，但是其子，同样是潮州义兴领袖的许武安，则涉入第三次拿律战争中。再者是当时的槟城义兴的大哥李遇贤（新宁籍），他也是宁阳会馆受托人，捐了15元。在1861年第一次拿律战争发生时，李遇贤便代表义兴前往拿律进行调查，他过世后，神主牌也安奉在义兴祠堂——名英祠当中。上述几位领袖都是捐金最多，出现在碑文芳名第一排的重要人物。从人数和金额上看，海山领袖显然较义兴来得占优势。

除了第一排的人名之外，碑文当中还是能够找到其他当时的重要人物。例如新宁籍的和合社大哥何义寿（捐金10元），他在后来1872年的第三次拿律战争中与义兴结盟，并在槟城远程操控拿律事务。该年，他在槟城的宅邸也遭海山——大伯公会阵营的成员炸毁，且试图暗杀他，但所幸何氏逃过一劫。另一位值得一提的则是宋继隆（捐金10元）。他是海山集团的矿主，与郑景贵是同乡，在1872年的拿律战争中被马来封地主放逐到拿律南部的直弄（Trong），为期五年。在期满之后，他便前往近打河流域的务边（Gopeng）开办矿场，并且招募增城籍同乡移入，成为务边的开基者。今天的务边大街——"Jalan Kay Long"，便是以宋继隆为名。

在碑文中还可以见到陈亚胜、邱新科、罗锦兰、李宗福这四位拿律矿主。他们在1872年9月连同先前提及的海山领袖郑景贵兄弟、宋继隆、邱鸿才，在胡泰兴的带领下，上书英殖民政府控诉他们被义兴破坏所造成的损失。另外，碑文中还有几位义兴领袖，像是黄城柏（嘉应籍）和黄栢璘（新宁籍，也作黄百龄），两人都是槟城大暴动事件的义兴首领，事件之后曾被殖民政府传召问话。其他义兴领袖还有红棍邓才贵（高要籍）、财副林启发（香山籍），以及同时担任此大伯公庙经理的李春生，但目前未见到他们和拿律之间的关系。

除了拿律相关的华商领袖，我们也可以在大伯公庙碑文中看到一些当时著名的人物，例如1882年受委为吉打甲必丹的戴春桃、著名的新加坡百货商罗广生（新会）和朱广兰（新会）。来自苏门答腊棉兰的张煜南和张鸿南兄弟（嘉应籍）也在宣统二年（1910年）赠送"凭依在德"的匾额。

《福缘善庆》碑

大伯公庙另一块重要的碑文是同治七年（1868）的《福缘善庆》碑，根据碑文标题中的"修饬金漆"可以得知那是一次局部性的小修，由董事郑景贵和其增城同乡涂继昌主理。与三年前的重修碑文相比，这里的名字并不多，只有21人。这样的人数差异是因为他们的社会关系紧张，还是郑景贵无法动员其他派系的人，抑或是这次只是小修，无需这么多人？我们不得而知，但这次共筹得335元。纵使名字不多，但这些名字却十分聚焦。

我们能够看到许多上述提及的海山领袖，包括郑景贵、刘三和、宋继隆、陈亚胜（陈胜合），以及义兴大哥李遇贤都出现在碑文上了。该庙1865年的总理胡泰兴也在其中。此外，这里面也有一些先前未出现在1865年大伯公庙重建碑文中，但又与拿律有关的人士，像李观贵，他是拿律的海山矿主，曾经与义兴矿主合办矿场。另外，还有海山领袖郭胜合。他曾在1861年第一次拿律战争时，与义兴大哥李遇贤及英国副警察专员普朗克（Plunket）一同前往拿律勘察，后来他也被发现与廖阿伍（Leoh Ah Ung）一同用大伯公会的船只运载大量军火前往拿律。

至于义兴方面，则有陈阿锡和陈九合两位矿主，两人在第一次拿律战争当中都是矿场遭到捣毁的受害者。因此，在21人当中，便有9人是可以被辨识与拿律有关的人物，已经接近一半。对于古碑文的解读而言，这样的比例其实已经相当高了。

此外，从碑文名单的主事者以及各派系的人数和捐金数看来，与郑景贵较亲的社群在槟城社交舞台上似乎占据了优势。如果其

图72　重修海珠屿大伯公宫碑记

资料来源：白伟权摄于2015年1月29日

图73 《福缘善庆》碑

资料来源：白伟权摄于2015年1月29日

他未被解读的名字不影响这个观察结果的话，那么这样的优势或许就和两次拿律战争中海山在拿律矿区的胜利有关。

碑文所隐藏的讯息

通过上述碑铭的解读，可以得知拿律和槟城关系密不可分，槟城对于其周边地区的重要人物而言，无疑是重要的社交舞台。因此，要了解拿律，首先必须了解槟城，要了解槟城，也无法绕过拿律。槟城这个核心和它的腹地的相互影响或许可以展现在这间大伯公庙当中。1865年的重修大募捐行为与第二次拿律战争的时间，以及1868年《福缘善庆》碑里头义兴和海山领袖比例的悬殊，抑或是郑景贵在槟城影响力的一路爬升，都可以结合拿律的历史来一同解读。

当然，每一次的募捐行为，除了物理上的庙宇修葺之外，更值得注意的是它社会性的一面，究竟谁负责动员？谁被动员了？这些人物之间有何共通性？谁因为捐金最多而被放在显著位置？哪些人财力雄厚但又选择谦让，避免过于锋芒？谁又只是捐点小钱应酬应酬？这些都是值得仔细探讨的议题。而对于大伯公庙两块最重要的碑文而言，拿律义兴和海山的大哥及其矿主、供货商们错综的网络关系，或许是解读此碑铭的重要关系线。

上面所举的，基本上已经基本涉及槟城广帮当时最重要的人物了，当中有许多人物更是参与缔造马来亚大历史的要角。因此，大伯公庙这一联合国世遗级别的古迹的价值并不仅仅是其建筑的工艺以及保育上的用心，更在于其非物质文化的部分，它们都是展现这座两百年老庙历史价值的重要注脚。

　　*谨以此文纪念主持广东街大伯公庙修复工程的已故文史工作者——陈耀威建筑师。

参考文献

白伟权：《国家、产业与地方社会的形构：马来亚拿律地域华人社会的形成与变迁1848—1911》，台北：台湾师范大学地理学系博士论文，2016年。

张少宽：《槟榔屿华人寺庙碑铭集录》，槟城：南洋田野研究室，2013年。

陈剑虹：《走近义兴公司》，槟城：陈剑虹，2015年。

黄存燊：《华人甲必丹》，新加坡：国家语文局，1965年。

郑永美：《槟城行帮史略》，发表于槟城古迹信托会主办，"槟榔屿华人事迹"学术研讨会，2002年。

十七、怡保街路牌上的华人矿家溯源

我们都说拿律曾是马来半岛第一矿镇，是马来亚历史转折的起点，具有开创性的地位。然而在历史转折之后，拿律锡矿第一的地位虽然不复存在，但它其实还是如春夜喜雨般，"润物细无声"地默默影响着周边区域及社会发展的动线。当然，这个影响是广泛且多面向的，本章我们就从资本以及矿业经营"know-how"的角度来看拿律对于周边社会的后续影响。

谈到霹雳的锡矿，相信现今大部分人都会直观地想起怡保，想起近打谷的各个矿业市镇。这里充满矿家们成功发迹的故事，也能找到矿业的遗迹，像督亚冷的铁船、金宝的锡矿博物馆、怡保的矿家俱乐部（闲真别墅），以及1970年代矿业没落后的各种美丽与哀愁。反观拿律（太平），或许是当地兴衰的时间过于久远，使得它的矿业角色早已被人遗忘，就连当地七八十岁的老人家，大多也没有采矿的记忆。

回到怡保，每当我们摊开怡保的街路地图，总是可以见到许多以华人先贤命名的街路名，像是梁燊南路（JIn. Leong Sin Nam）、胡子春路（JIn. Foo Choo Choon）、郑大平路（JIn. Chung Thye Phin）（图74）、郑大平巷（Lorong Chung Thye Phin）、周文暖路（JIn. Chew Boon Juan）、姚德胜路（JIn. Yau Tet Shin）、谢昌林巷（Lorong Cheah Cheang Lim）、林六轻路（JIn. Lam Looking）、郑国明路（JIn. Chung Ah Ming）、胡曰皆路（JIn. Foo Yet Kai）、胡根益路（JIn. Foo Kan

图74　怡保市区的郑大平路

资料来源：白伟权摄于2017年2月7日

Yik）、胡重益路（Jln. Foo Choong Nyit）、胡日初路（Jln. Foo Nyit Tze）、刘一清路（Jln. Lau Ek Ching）、梁典路（Jln. Leong Tian）、林成就路（Jln. Lim Seng Chew）、李瑞和路（Jln. Lee Swee Hoe）、王振相路（Jln. Ong Chin Seong）等。

　　这些人物的名子会被用作道路命名，表示他们都是已经经过筛选的重要人物，非等闲之辈。他们当中不乏会馆、华人商会、宗亲会、庙宇、政党组织等机构的领导人，算是当时怡保乃至整个霹雳华人社会的领导人物，而锡矿正是他们的最大公约数。究竟这些人和我们今天要讨论的拿律有何关系？我们先从先贤路名中最显著的胡氏家族来了解。

传承与扩散：一门矿家的霹雳胡氏

在怡保，光是以胡氏先贤命名的道路便有五条，他们都是来自福建永定中川的胡氏，是霹雳著名的矿家宗族。与我们年代较近的霹雳胡氏名人就有曾任董总主席，推动马来西亚独中复兴运动的胡万铎。他在产业经营稳固后，便开始投身社会公共事务，曾任霹雳永定同乡会、深斋中学、霹雳客属公会会长及董事。胡万铎是胡曰皆父子有限公司的掌舵人，旗下经营锡矿生产与收购、种植业、板厂以及房地产等。[60]公司名字上的"胡曰皆"正是胡万铎的父亲，他在1961年逝世后，其事业便由长子胡万铎继承。胡曰皆虽然早逝，但他所作的累积早已为家族的日后发展奠下基础。胡万铎相当念旧，其办公室的装潢至今还维持父亲时代的配置，从未改变（图75）。

胡曰皆（1907—1961）是其中一名被以道路命名来纪念的矿家先贤。他是1950年代霹雳著名的社会领袖，曾任霹雳客属公会会长、霹雳永定同乡会会长、南洋大学怡保区会主席、霹雳中华大会堂副会长，也担任霹雳华人矿务公会、福建公会、中华总商会财政等要职，相当活跃。胡曰皆靠矿业起家，在积莪营（Chenderiang）、华都牙也（Batu Gajah）、地摩（Temoh）、金宝（Kampar）等霹雳各地都

60　张树钧：《胡万铎评传：六十载马来西亚华文教育奋进史迹》，吉隆坡：天下人物出版社，2015年。

图75　胡曰皆父子有限公司办公室里的胡万铎先生，右上的照片为胡曰皆

资料来源：白伟权摄于2017年2月6日

开有矿场，可以这么说，锡矿生意是他社会活动的基础。像他一样的矿家社会领袖有很多，胡曰皆是当时的典型代表。

锡矿场并非小本经营的零售业，其资本额巨大，所牵涉的管理、营销其实相当复杂，算是门槛相当高的产业，因此一个成功的矿家，除了凭借自己的努力之外，前人的栽培与养成亦至关重要。胡曰皆幼年丧父，栽培他的，便是其伯父胡重益（1871—1944）。胡重益对他视如己出，从小便让他在矿场帮忙，也提供机会让胡曰皆一同去探矿，甚至在胡曰皆探矿成功后提供红股，以最实际的方式让胡曰皆经营自己的矿场。这种家族长辈手把手的培养使得胡曰皆获得了花钱买不到的know-how，最终造就了后来的胡曰皆。

除了胡曰皆之外，胡曰皆的其他叔叔，如四叔胡再益、五叔胡济益也都是以类似方式入门，在胡重益的锡矿收购与加工厂顺亿乌冷分别担任书记和工头。此外，在胡重益底下学矿而最后发迹的霹雳闻人，还有张逊凡（后来的霹雳客属公会副会长，怡保育才、万里望万华学校董事长），张氏甚至成了胡重益的女婿。那么，胡重益又是如何成为矿家的？

胡重益是战前时代的霹雳华社领导人物，他与胡曰皆一样，并不是打从一出生就是成功的矿家，而也是有一段养成阶段。胡重益22岁时从家乡永定南来，最初先在槟城堂哥胡铸益的洋服店工作，后来再被堂哥派往霹雳矿场帮忙。胡铸益可说是影响胡曰皆这一支系在南洋发展的开山鼻祖。胡曰皆是少数撰写传记的矿家，他在自传中表示："……今日吾高祖二十世祖龙亭公字一脉，能在吡叻发荣滋长，侨居曾玄裔二百余众，皆堂伯首先引进之功，有以致之，即称为吾房第二故乡肇基人，实足以当之而无可异议者也……"当时的胡铸益已是经营小有成就的矿家，他的成功也有赖于先辈的累积与传承，根据胡曰皆的忆述，胡铸益曾经在胡子春底下学矿。

胡子春：霹雳胡氏一门矿家的肇基人

胡氏族人在19世纪末大量进入霹雳，除了因为近打河谷的大开发以外，也和胡氏家族本身的实力有关。当时，霹雳出了个有"锡王"之称的矿家，他正是胡子春（1860—1921）。

近打各地在1880年代初开始陆续发现锡矿，胡子春正是进入近打的第一批矿家，他的矿场遍布近打各地。在怡保，许多重要的组织也是由胡子春所发起，像霹雳福建会馆（1897，今福建公会）、霹雳矿务农商总局（1898）、霹雳中华总商会（1907）、怡保育才学堂（1907）等。

由此可知，胡子春与胡曰皆、胡重益这些典型矿家不同，他是19世纪末霹雳金字塔顶端的矿业巨子。在胡子春矿业王国发展的同时，他也从原乡找来了胡氏宗亲协助打理生意，因此胡铸益并不是孤立的个案。胡曰皆另一位堂伯胡寿益早年也一样，南来后便投靠胡子春，后来更成了胡子春锡矿公司的总经理，由此成为造福其他胡氏家族的矿家。

与胡铸益、胡寿益同一时期的矿家闻人，还有前述提及的路名先贤胡日初（1873—1934）。他在1880年代被胡子春招募到近打，开发朱毛、布赖、督亚冷、万里望等地，从中累积了不少矿务经验。[61]除了胡氏家族成员之外，其他路名先贤谢昌林（1875—1948）和刘一清（1877—1957）也都是曾经担任胡子春秘书的著名矿家。[62]此外，根据赖特的记录，有一位胡氏宗亲胡昭凡（Foo Chew Fan）在1891年被胡子春招募到拿乞担任书记，之后除了自己开设熔锡厂和锡米店从事锡矿买卖之外，也担任了次级饷码商（sub-farmer），承包打扪（Tambun）和督亚冷（Tanjung Tualang）的酒类及赌博税收。[63]由上可知，胡子春开发近打地区时创造了许多机会，以致成为胡氏家族在霹雳扎根的关键人物。

61　Ho Tak Ming. 2009. *Ipoh：When Tin was King*. Ipoh：Perak Academy. Pp.488-489.

62　Ho Tak Ming. *Ipoh：When Tin was King*. P.440.

63　Wright, Arnold., & Cartwright, H. A. (eds.). 1908. *Twentieth Century Impressions of British Malaya：Its History, People, Commerce, Industries, and Resources*. London：Lloyd's Greater Britain Publishing Company. P.543.

拿律：近打第一代矿家的养成地

那么，胡子春的"造王者"是谁？他如何成为当时马来半岛富甲一方的锡王？其实胡子春的养成过程也与前述几位矿家一样，有前辈作为引路人。胡子春出生于1860年，18岁时便来到盛产锡矿的拿律学矿。这时的拿律刚从1874年拿律战争中重生，战后的拿律锡矿复苏，百业待兴，他所服务的正是海山大哥甲必丹郑景贵（1821—1901）家族的矿场。可以这么说，拿律是胡子春的锡王之路的养成地。

记录上，胡子春迎娶了郑景贵兄长——郑景胜的女儿为妻，成为拿律最强大利益集团家族的一分子，显见其才干备受认可。究竟是什么机缘，使得胡子春有幸加盟当地最强家族？其中海山阵营里头有一位代表人物——胡泰兴值得我们关注。

胡泰兴与胡子春同宗，也是槟城的船运商、拿律矿场投资者。在第三次拿律战争时，他也以海山集团代表的身份，带领一众海山矿主向英国请愿。此外，在过去介绍胡子春的英文文献中，也会提及胡子春是到太平一位很有影响力的"uncle"的矿场去学矿。[64]无独有偶，郑景贵的第二及第三位夫人也都是胡氏。[65]其中，墓地在2022年8月底遭破坏的三夫人胡丁娘，据说就是胡子春的

64 Wright, Arnold., & Cartwright, H. A. (eds.). *Twentieth Century Impressions of British Malaya*: *Its History, People, Commerce, Industries, and Resources.* P.130.

65 陈耀威：《甲必丹郑景贵的慎之家塾与海记栈》，槟城：Pinang Peranakan Mansion Sdn. Bhd.，第32页，2013年。

姑姑。[66]这或许就能够解释胡子春会到郑景贵家族矿场的原因了。

胡子春在拿律学矿几年后，时间进入1880年代，此时正逢拿律矿源枯竭而近打各处发现锡矿的年代。作为拿律战争最大赢家的郑景贵及他的利益集团，自然也纷纷往近打地区逐锡矿而居。郑景贵父子便率先取得了端洛（Tronoh）、督亚冷的开发权。值得留意的是，胡子春发迹之处正好也是这些地区，他先从附近的拿乞（Lahat）开始，之后进到郑氏父子开发的端洛、督亚冷，再从这些地区拓展至霹雳其他地方乃至雪兰莪。

拿乞可说是胡子春的大本营，胡铸益与胡寿益最初创建的锡矿收购与加工厂——永益和号便是在拿乞，现今霹雳胡氏总坟也同样在拿乞。胡重益、胡根益的产业则集中在隔邻的华都牙也，足见胡子春投资近打后对于当地社会空间带来的影响。

令拿律矿家趋之若鹜的近打

当然，胡氏家族并非孤立的个案，类似从拿律到近打的著名案例还有很多。例如开发务边的宋继隆便是拿律海山领袖，他在第三次拿律战争时便被放逐至直弄（Trong），放逐期结束后，则到务边成为当地开发者。也因为这样，他也找来了许多增城的乡亲（与郑景贵一样属增城籍），使得务边成为继太平之后，全马少数增城人占优势的市镇，在当地拥有自己的增龙公家（图76）。宋继隆的儿

---

66 Audrey Dermawan. 2022, September 5. "Heritage activist questions Penang government's silence over demolished historical grave." *New Straits Times*. Retrieved December 11, 2022, from https : //www.nst.com.my/news/ nation/2022/09/828650/ heritage-activist-questions-penang-governments-silence-over-demolished.

图76　务边的增龙公冢

资料来源：白伟权摄于2015年8月1日

子宋福养（Sung Ah Ngew）也在拿律受教育后，[67]到近打发展。

　　除了务边之外，由郑景贵父子所开发的端洛也是少数增城人占据优势的城镇，当地能找到和太平一样的增城人信仰中心——何仙姑庙。当地的南海、番禺、顺德社群也共组南番顺会馆，这样的族群组合基本上也和拿律如出一辙。协助郑景贵打理拿律事务的主理人刘三和，其子刘富接手父亲生意后，也在1880年代到怡保设立据点，于近打地区开矿。拿律义兴大哥陈亚炎所属的商

67　Wright, Arnold., & Cartwright, H. A. (eds.). *Twentieth Century Impressions of British Malaya*：*Its History, People, Commerce, Industries, and Resources.* P.543.

号——泰利号，也在怡保开设分行，收购周边地区的锡米。

我们再回看怡保华人路名的那些主人翁，郑大平（1879—1935）、郑国明（1887—1940）、谢昌林，都是拿律第二代或第三代。郑大平是郑景贵的儿子，继郑景贵之后任霹雳甲必丹。郑大平除了长居槟城之外，在怡保也拥有产业，至今屹立在怡保旧街场的 Arlene House（图 77）过去便是郑大平在怡保的营业总部。郑国明则是郑景贵的长孙，曾任霹雳国的议员。

谢昌林也是太平公市创建者谢文贤（槟城贸易商，也是太平的第一代移民）的儿子。他出生于太平，儿时曾与郑大平、郑国明一起就读于太平中央学校（Central School），[68]毕业后也到近打发展，协助表哥胡子春，[69]后来也成为著名矿家。他的事迹也由弗朗西斯·库拉伊（Francis Cooray）与邱思妮撰写成名为《令人敬畏的改革者：谢昌林的生平与时代》（*Redoubtable Reformer: The Life and Times of Cheah Cheang Lim*）的传记。

此外，若走进位在怡保的霹雳中华总商会，墙上的创会先贤照片当中也有拿律的脸孔，除了胡子春外，像是拿律的锡矿收购商与熔锡商李振和、太平锡矿场主王鼎把、太平矿家黄务美。上述这些人物或家族，都是在拿律锡矿荣景时期在拿律累积了大量财富，并在拿律锡矿枯竭时，将其资本和技术转移至近打，成为近打开发的重要推手，这过程中便创造了第二代、第三代的近打矿家。

68　Cooray, Francis., & Khoo Salma Nasution. 2015. *Redoubtable Reformer：The Life and Times of Cheah CheangLim*. Penang：Areca Books.P.20.

69　Cooray, Francis., & Khoo Salma Nasution. 2015. *Redoubtable Reformer：The Life and Times of Cheah Cheang Lim*. Pp.34-35.

**图77　建于1905年的 Arlene House，疫情期间整修后于门口加上了
"KAPITAN CHUNG THYE PHIN" 的文字**

资料来源：白伟权摄于2019年12月12日

由此可知，无论是"锡王"胡子春，还是其他矿家先贤，他们都有一段学习矿场经营的过程，拿律正是培养这些矿家的摇篮。借由在拿律长时间的累积，这些矿业资本和经验得以在拿律矿源枯竭时，随着矿家的脚步流动至其他地方，怡保路牌上的近打胡氏家族便是由此而生。

总体而言，霹雳作为马来半岛北部重要的矿业城市，矿业的发展造就了一批又一批开创一方水土的矿家。然而，矿业的经营并不是表面想象的那么简单，当中牵涉了庞大的资本、生产及加工技术、矿场管理、运销通路等，这些know-how都不是单凭一己之力就能够

223

获得的无形资本。因此，矿家的成长过程有赖于一群养成者的栽培与提拔，先从打杂开始，到学习管理、尝试协助拓展新的矿场，最后再自立门户，再通过业务拓展的过程继续栽培其他的矿家。

拿律是马来半岛北部锡矿产业发展的开端，这里曾经因为锡矿的开发而涌入大量的移民，也造就了槟城的繁盛。拿律的太平也曾因为锡矿而一度成为霹雳的首府，但在一段时间后又被崛起的近打地区所取代（图78）。表面上看来，近打取代了锡矿枯竭的

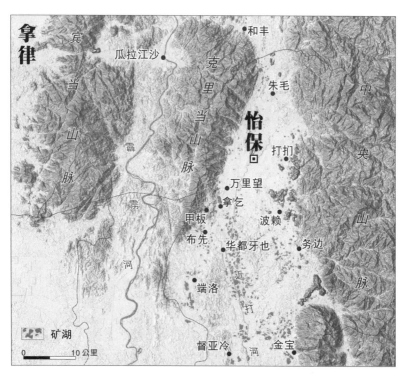

图78　近打河谷各主要矿业市镇

资料来源：白伟权绘，底图取自 ESRI World Hillshade

224

拿律，但是借由不同世代矿家养成的回溯，其实两者之间有着承继关系。从拿律在1848年发现锡矿一直到1880年代中叶接近四十年的时光里，这片土地为矿家们累积了不少的资本、人才、技术。在近打出现开发契机时，占据地利之便的拿律矿家自然成为近打地区的第一批开发者。因此，拿律对近打产业和社会的影响不容忽视，要说霹雳矿家出自拿律，一点也不为过。

参考文献

Audrey Dermawan. 2022, September 5. "Heritage activist questions Penang government's silence over demolished historical grave." *New Straits Times*. Retrieved December 11, 2022, from https : //www.nst.com.my/news/nation/2022/09/828650/heritage-activist-questions-penang-governments-silence-over-demolished.

Cooray, Francis., & Khoo Salma Nasution. 2015. *Redoubtable Reformer* : *The Life and Times of Cheah Cheang Lim*. Penang : Areca Books.

Ho Tak Ming. 2009. *Ipoh* : *When Tin was King*. Ipoh : Perak Academy.

Wright, Arnold., & Cartwright, H. A. (eds.). 1908. *Twentieth Century Impressions of British Malaya* : *Its History, People, Commerce, Industries, and Resources*. London : Lloyd's Greater Britain Publishing Company.

胡曰皆：《胡曰皆先生家谱汇集》，怡保：胡曰皆父子有限公司，1960年。

张树钧：《胡万铎评传：六十载马来西亚华文教育奋进史迹》，吉隆坡：天下人物出版社，2015年。

霹雳客属公会开幕纪念特刊编辑委员会：《霹雳客属公会开幕纪念特刊》，怡保：霹雳客属公会，1951年。

陈耀威：《甲必丹郑景贵的慎之家塾与海记栈》，槟城：Pinang Peranakan Mansion Sdn. Bhd，2013年。

十八、拿律海山大哥与香港大学中文学院主任 *

笔者2012年初到太平收集资料时首次踏入历史悠久的增龙会馆。会馆礼堂中高挂着历史课本中熟悉的海山大哥郑景贵的相片，在其同一侧则高挂了一张貌似袁世凯，但又不知其人的陌生相片，下面只列了"赖际熙遗照"五个字。他看来与郑景贵有着同样重要的地位，然而会馆的主事者对他所知甚少。这样的反差引起笔者的好奇。回去后，依名字上网搜寻才知道，原来赖际熙是赫赫有名的人物，他是前清太史、民国时期香港大学中文学院的创院主任。会馆墙上海山大哥与港大学院主任的照片挂在一起，构成玩味无穷的画面，不禁令人好奇他们之间的关系，究竟赖际熙与马来亚的联结关系为何？

赖际熙是谁？

从一些基础数据得知，赖际熙（1865—1937）与甲必丹郑景贵同是增城人。所不同的是，赖际熙并非从商出身，他是读书人，于1889年（光绪十五年）24岁时中举，到了1903年（光绪二十九年）考中二甲进士，并获皇上钦点为翰林院庶吉士，成为清廷任官的储备人才。[70]他五年后任国史馆协修，再升任总纂，所以也被后人尊

---

* 本文曾收录于2022年出版的《赤道线的南洋密码：台湾@马来半岛的跨域文化田野踏查志》，经同意重新收录于本书，特此申谢。

70　科举制度。https://hk.chiculture.net/1102/html/c/1102c20.html .

图79 太平增龙会馆内的郑景贵与赖际熙相片

资料来源：白伟权摄于2012年8月7日

称为太史。在以士、农、工、商为分类的社会结构当中，赖际熙无疑位处社会金字塔的尖端，是当时社会顶尖的知识分子。

然而在清朝覆灭之后，他便流亡香港，成为旅港前清遗臣。他在香港创立学海书楼教授国学，后来也受时任港大校督的香港总督金文泰委托筹备设立中文学院，为香港中文教育的发展奠定基础。同一时期，他也积极推动客家人的凝聚意识，成为最早的客家组织——香港崇正总会的发起人。

上述所提及的组织，至今仍然持续发展。赖际熙在社会上也拥有良好的政商关系，与许多当地社会名流巨商如冯平山、利希慎，甚至港督金文泰[71]都私交甚笃。从目前的信息看来，赖际熙在空间属性上是中国的，与南洋关系较薄弱。

那么，他与马来亚渊源又是从何开始？

赖际熙多次到访英属马来亚

从现有的史料整理来看，赖际熙在清代至民国期间至少来马四次。目前见到最早来马的记录是记载在《翰苑流芳：赖际熙太史藏近代名人手札》中的一张黑白照片，年轻留着辫子的赖际熙与另一名看来年纪相仿的人合照，赖际熙坐在宾客的位置。此照片摄于槟城大伯公街（King Street）的相馆。

另外三次来马则记载在其文集《荔垞文存》的字里行间，估计是在1920年、1926年、1930年之间。这四次已知的南游，每一次必定落脚槟城，再往霹雳、吉隆坡等地游历。单从清代赖际熙来马时在槟城所拍的照片，我们难以断定他来的时间和缘由，但从郑景贵方面入手，或许可以为此问题的解答提供一些线索。

赖际熙与郑景贵

赖际熙与郑景贵年纪相差四十二岁。1865年郑景贵在领导第二次拿律战争时，赖际熙才出生，赖氏24岁中举时，郑景贵已年近七十。郑景贵对原乡捐助不少，是乡里敬重的老者，赖际熙在增城应早已听闻郑景贵。在赖氏所编撰的《崇正同人系谱》套书

---

71 例如赖际熙曾于1927年在铜锣湾利园宴请港督金文泰。见《赖际熙谯港督于利园》，《香港工商日报》1927年2月23日，第11页。

中，郑景贵是唯二[72]被记录的海外华商，但该条目只是介绍郑氏的功绩，并未提及两人的关系。

然而，在1899年（光绪二十五年）槟城郑景贵慎之家塾落成时，各政商名流所致赠的匾额却揭示了赖际熙和郑景贵的关系。当时赖际熙题撰了一副对联，[73] 他在这副对联末端以"姻晚生"的身份落款，说明了他或他的家族和郑家之间有着姻亲关系。

图80　赖际熙送给郑景贵的对联以"姻晚生"自称

资料来源：白伟权摄于2013年8月29日

72　另一位被记载的是戴喜云。

73　"以中朝阀阅作外域屏藩当湖海南来应推第一，有潞国声华备汾阳福泽极唐宋盛事此既兼全。"

当时赖际熙34岁，已是一个中举十年的举人，唯尚未获钦点为翰林。赖际熙当时相信也出席了亲家宅第的落成庆典。赖际熙早年在槟城的照片或许正是在此次南来时所拍摄。这对藏于槟城慎之家塾的赖际熙手迹，相信也是现存已知他在南洋所留下的最早记录。由此便不难理解赖际熙每次都落脚槟城的原因，他往后在本地的社会关系网络发展也从槟城出发。

四年后，光绪二十九年（1903），赖际熙获钦点为翰林院庶吉士。身为甲必丹的姻亲与乡人，赖际熙获翰林的事在本地增龙社群中必定是一件值得庆祝的大事。特别是在当时南洋社会满是虚位头衔的背景下，此真材实料的翰林牌更能让增龙社群在帮群林立的华人社会中昭示着本属人士的威望。因此可以见到，他们在会馆中高挂了赖际熙的翰林牌匾。

至今，太平增龙会馆、槟城的增龙会馆[74]和五福书院[75]也都保有赖际熙的翰林牌匾。值得注意的是，这些会馆、书院都是与甲必丹郑景贵有直接关系的社团组织。就此看来，赖际熙早年与马来亚的联结关系很大程度建立在增城这个地缘社群以及郑景贵的姻亲关系之上。

郑景贵与赖际熙虽然关系密切，但是两人的年纪毕竟差距很大。进入民国初期，郑景贵便与世长辞，而赖际熙与马来亚的关系并未因此结束。清朝覆亡后，赖际熙旅居香港，在新的时代里，他仍与本地关系密切。

---

74 槟城增龙会馆也有他的题字，唯年代不详。

75 感谢"中央研究院"近代史研究所廖小菁助理研究员提供槟城增龙会馆以及五福书院有关赖际熙文物的照片。

**图81　高挂于太平（左上）、槟城增龙会馆（右上）
以及五福书院堂（左下）的翰林牌匾**

资料来源：太平：白伟权摄于2012年6月7日
槟城：廖小菁摄于2016年4月7日、8日

士与商：赖际熙与其他马来亚华商的关系

士与商虽然是传统中国社会阶级中头尾两个极端，但自晚清以来，中国士商的藩篱逐渐模糊，在中国香港及马来亚更是如此。从赖际熙的文集《荔垞文存》不难发现，他与华商的关系颇深。该文集收录了不少他送给一些华商名流的祝寿表文、颂词及墓志铭。当中来自香港的有不少，但是也不乏南洋的华商、侨领，他们都是在新的时代中使赖际熙继续与马来亚保持密切关系的人物。

槟城：戴喜云、戴芷汀父子（大埔籍）

除了郑景贵之外，南洋与赖际熙关系最为密切的人就是大埔籍的槟城富商戴喜云家族了。南洋著名的客家华商虽多，[76] 但戴喜云却与郑景贵一样，是唯二被赖际熙撰写收录于《崇正同人系谱》当中的华商，密切关系可见一斑。戴喜云在拿律发迹，他在商业上相当受到郑景贵的照顾，与郑景贵关系密切。他在1891年及1910年分别包得拿律总饷码和霹雳赌博饷码。[77]1908年，戴喜云也被清朝委任为驻槟城的副领事。[78]戴、赖两人虽然不同乡，但有着同为客家人、清朝官员，以及郑景贵联系的共同关系。戴喜云去世之后，赖际熙也为他撰写了《诰授荣禄大夫槟榔屿领事官星嘉坡总领事戴公府君墓表》的墓志铭。

---

76 例如张弼士、谢梦池、梁碧如、张煜南、张鸿南兄弟、胡子春等。

77 *Singapore and Straits Directory for 1891.* Singapore：Fraser & Neave Ltd. Pp.240-241; *Singapore and Straits Directory for 1910.* Singapore：Fraser & Neave Ltd. Pp.354-355.

78 黄贤强：《槟城华人社会领导阶层的第三股势力》，收录于黄贤强：《跨域史学：近代中国与南洋华人研究的新视野》，厦门：厦门大学出版社，2008年，第110页。

赖际熙与戴喜云的长子戴芷汀也有不错的交情。据《荔垞文存》所载，他们曾经在增城罗浮山黄龙观学道，算是同门师兄弟。据笔者推算，赖际熙比戴芷汀年长四岁。[79]戴氏后来到福建担任知州，清朝覆亡之后便回到槟城。赖际熙至少曾经在1920年及1930年到过槟城去拜访戴芷汀。

1920年去槟城的时候正值戴氏51岁生日，赖际熙为他写下了《诰授朝议大夫芷汀太守老弟六秩开一寿序》。1930年去的时候则是戴的60大寿，赖也为戴芷汀写了《戴芷汀大兄六十寿序》。有趣的是，这回戴芷汀的称谓从赖的"老弟"变为"大兄"。事实上，到了民国时期，戴芷汀是赖际熙在南洋最重要的人脉，两人关系甚好，一些前清的读书人也是通过赖、戴二人的这条管道到南洋发展。[80]

雪兰莪：郭德修、郭乔村兄弟（大埔籍）

除了槟城之外，赖际熙也通过戴芷汀的关系在客家人聚集的吉隆坡建立了社会关系网络。经过戴氏的介绍，赖际熙结识了雪兰莪大埔籍的客家富商郭德修、郭乔村兄弟，郭德修也是1912年雪兰莪茶阳会馆的重建者。[81]郭氏兄弟的母亲庆祝79岁大寿时，戴芷汀也转知赖际熙为郭母撰写《敕封孺人郭母刘太孺人七秩晋九荣寿大庆序》的祝寿文，该文的时间不详。

79　1920年，赖际熙年龄为55岁；而同一年，戴芷汀庆祝51岁生日。

80　例如另一名前清太史黎湛枝，虽然与赖际熙在清朝的位同等，甚至还在同一年获得翰林院名衔，但他到香港之后就没那么幸运，面临生活困难，因此写信给赖际熙希望获得他的手信到南洋去投靠戴芷汀。见邹颖文编：《翰苑流芳：赖际熙太史藏近代名人手札》，香港：香港中文大学图书馆，2008年。

81　马来西亚雪隆茶阳（大埔）会馆，http://www.charyong.org.my/。

雪兰莪：杨宜斋（大埔籍）

赖际熙在1921年时也走访了吉隆坡，并在当地结识一名客家大埔籍的社会领袖杨宜斋。杨氏在雪兰莪以矿业起家，清代时也捐有奉政大夫的五品官，民国初年也与其他头家共同创办辟智学校。他的一名孙子就是后来著名的新加坡首席大法官杨邦孝（1926生）。1933年前后，杨氏及夫人庆祝80大寿时，他也有赠送《诰授奉政大夫杨宜斋先生暨德配蓝宜人八秩双寿荣庆序》的祝寿文。

怡保：梁克尧（嘉应籍）

1930年赖际熙南来槟城参加戴芷汀的60大寿时，也认识了霹雳嘉应籍的梁克尧。梁克尧是霹雳的矿家，少壮南来时在同乡梁碧如（客籍槟榔屿副领事）的霹雳咖啡山矿场学矿。发迹之后，其产业分布在万里望、怡保、斯里并。梁克尧母亲罗氏71岁大寿时，赖际熙也为她写了一篇《梁伯母罗太夫人八秩开一荣寿大庆序》的祝寿文。

槟城：时中学校

除了为一些社会名流富商题写赞颂词之外，槟城客籍富商戴喜云、谢春生、梁碧如所创办的崇华学校建立新校舍之后，赖际熙在1930年南来时也为该校撰写了一篇《三达堂记》的序文，以缅怀三人对于海外办学的贡献（赖际熙写序时，该校已易名为时中学校）。按该文内容，《三达堂记》似乎是要以碑刻的形式存放于时中学校。然而该碑文至今未见，原因不详。

赖际熙作为前清翰林太史，是传统中国的士绅阶级，他笔下所写的商人理论上都属封建制度下的下层阶级，但这不影响赖氏的社交，在新的环境中，赖际熙必须顺应时势做出各种调适，能屈能伸，以应付新的时局，这些社会关系也成为他顺利经营各种事业的运作关键。另外也可以见到，赖际熙在南洋的社交网络很大程度上都是由槟城戴氏家族展开，因此在20世纪当中，戴芷汀的角色格外重要。

香港大学中文学院筹设与赖际熙的南洋网络

在新的时代中，与华商关系的经营对赖际熙而言格外重要。以赖际熙在创办香港大学中文学院的过程为例，当时港英政府其实缺乏办学经费，有别于现今政府在教育上的巨额经费投注，身为筹备主任的赖际熙因而负起筹款的责任。

在1926年8月，赖际熙便与港大校长韩和惠爵士（William Hornell）一同前往南洋向华商募款，其中赖际熙的挚友戴芷汀也有捐献巨款。他们也得到吉隆坡锡矿家陈永和廖荣之的捐助。陈永也是吉隆坡陈氏书院的成员，国家皇宫也是由他所建造。赖际熙此行共募得4万多元。

其他《荔垞文存》中出现的富商，虽然没有记录在港大的校史当中，但是相信也在捐款者之列。这次筹款主要用作教职员薪俸、购书、修整教室等用途。[82]因此，港大中文学院的成功创办很大程度上有赖于赖际熙的社会关系网。

82　方骏:《赖际熙的港大岁月》,《东亚汉学研究》第2号，2012年，第282—293页。

赖际熙与星洲客属总会

赖际熙与马来亚的关联或许也少不了客家运动的推展。在1920年代，整个香港以至南洋地区的客家人开始出现客属一体的团结气氛。而赖际熙正是香港崇正总会的领袖，当时与赖际熙一同推动客家事务的还有富商胡文虎。

同一时期，新加坡客家社群也于1923年在当地发起筹备成立星洲客属总会。在筹备期间，前述与赖际熙关系良好的富商戴芷汀、梁克尧、杨宜斋、廖村乔等都担任了名誉赞助或名誉协理。经过7年的筹备，总会终于在1929年建立并举办成立开幕大典。胡文虎当时也同时任香港崇正会和星洲客属公会首任会长。作为香港客属团体创办人的赖际熙也题赠了"客属总会"的匾额给星洲客属总会，该匾额现今还高挂在新加坡南洋客属总会大门之上。

赖际熙是少数与本地华人历史有深厚渊源的高端文人，从他的生平事迹可以得知，他与马来亚的渊源相当多元。就目前所搜集到的材料得知，他早年很可能因为与海山郑景贵之间的姻亲与地缘关系而与马来亚产生地理联结。

虽然郑景贵在1901年便已经离世，但是赖际熙年少时与戴芷汀之间的同门关系却也延续了赖际熙在本地的社会联结。之后，因为港大中文学院的筹款以及客家网络的发展缘由，更让赖际熙多次来马，也加深了他与马来亚华人社会的联系。我们可以从中见到地缘、姻缘、友谊、教育、客家在这当中所扮演的角色。我们也可以从赖际熙身上见到这位前清知识分子如何顺应时代变迁而努力调适，善用各种社会资源，最终为各领域作出贡献。

图82 新加坡南洋客属总会大门上的赖际熙手迹

资料来源：白伟权摄于2018年5月20日

参考文献

Chan, King Nui. 1997. *From Poor Migrant to Millionaire : Chan Wing, 1873-1947*.
　　Kuala Lumpur : Malaysian Branch of the Royal Asiatic Society.

Singapore and Straits Directory for 1891. Singapore : Fraser & Neave Ltd.

Singapore and Straits Directory for 1910. Singapore : Fraser & Neave Ltd.

《赖际熙谦港督于利园》，《香港工商日报》1927年2月23日，第11页。

赖际熙著，罗香林编：《荔垞文存》，台中：文听阁，2008年。

南洋客属总会：《客属年刊银禧纪念号》，新加坡：南洋客属总会，1959年。

方骏：《赖际熙的港大岁月》，《东亚汉学研究》第2号，2012年，第282—293页。

邹颖文编：《翰苑流芳：赖际熙太史藏近代名人手札》，香港：香港中文大学图书馆，2008年。

黄贤强：《槟城华人社会领导阶层的第三股势力》，收录于黄贤强：《跨域史学：近代中国与南洋华人研究的新视野》，厦门：厦门大学出版社，2008年，第102—116页。

赵雨乐：《赖际熙香港传统中文教育的重要推手》，收录于赵雨乐编著：《近代南来文人的香港印象与国族意识》，香港：三联书店，2008年，第109—122页。

马来西亚雪隆茶阳（大埔）会馆，http：//www.charyong.org.my/。